_____ 님의 소중한 미래를 위해
이 책을 드립니다.

불편한
상황에서도
기죽지 않고
대화하는 법

메이트북스

메이트북스 우리는 책이 독자를 위한 것임을 잊지 않는다.
우리는 독자의 꿈을 사랑하고,
그 꿈이 실현될 수 있는 도구를 세상에 내놓는다.

불편한 상황에서도 기죽지 않고 대화하는 법

초판 1쇄 발행 2019년 10월 23일 **| 초판 3쇄 발행** 2024년 4월 1일 **| 지은이** 이서영
펴낸곳 (주)원앤원콘텐츠그룹 **| 펴낸이** 강현규·정영훈
편집 안정연·최주연 **| 디자인** 최선희
마케팅 김형진·이선미·정채훈 **| 경영지원** 최향숙
등록번호 제301-2006-001호 **| 등록일자** 2013년 5월 24일
주소 04607 서울시 중구 다산로 139 랜더스빌딩 5층 **| 전화** (02)2234-7117
팩스 (02)2234-1086 **| 홈페이지** www.matebooks.co.kr **| 이메일** khg0109@hanmail.net
값 15,000원 **| ISBN** 979-11-6002-256-8 03190

이 도서의 국립중앙도서관 출판시도서목록(CIP)은 e-CIP홈페이지(http://www.nl.go.kr/ecip)에서
이용하실 수 있습니다.(CIP제어번호: CIP2019039210)

말에 꿀을 발라
적에게도 기쁨을 주어라

• 발타자르 그라시안 •

불편한 자리에서는
도대체 어떻게 말해야 할까요?

저는 좋은 사람들을 만나 얘기 나누는 것은 좋아하지만 불편한 자리는 싫어합니다. 커뮤니케이션을 연구하고 교육하는 사람이 하는 말로는 적절하지 않죠? 나와 가장 가까운 사람, 사랑하는 사람과도 줄곧 갈등이 생기는데 낯설고 어색한 상황에서 말을 잘하고, 불편한 사람을 자연스럽게 대한다는 것은 당연히 쉬운 일이 아닙니다. 하지만 제각기 다른 사람들과 낯선 상황, 불편한 자리에서도 잘 풀어내는 대화법은 분명 있습니다.

자신이 원하는 이성상을 떠올려보세요. 멋지고 예쁜 이성을 만나면 좋겠지만 대화가 잘 통하는 사람은 어떤가요? 많은 경우 좋은 인연은 대화로 시작됩니다. 비즈니스와 일상에서 좋은 인연을 부르는 대화는 다양한 경험으로 익힐 수 있습니다.

1장 '어색한 분위기를 자연스럽게 만드는 말투'에서는 우리가 맞닥뜨리는 어색한 상황에서 쓸 수 있는 대화법을 다루었습니다. 내가 마주한 상황이 낯설고 어색하다면 대화도 자연스럽게 이어지지 못합니다. 말해야 하는 상황에 자주 놓이는 사람은 자연스레 다양한 경험적 근거를 바탕으로 자신만의 대화 레퍼토리가 생깁니다. 자신만의 대화 대응 방법인 셈이죠. 1장에서는 어색한 자리에서도 편안하게 대화를 이끌 수 있는 스피치 대응법을 익힐 수 있습니다.

2장 '불편한 사람과도 술술 대화하게 하는 말투'에서 다루는 '불편한 사람'은 객관적이지 않습니다. 살아온 경험과 삶의 방식이 나와 다른 사람들일 뿐입니다. 불편한 내 정서가 의사소통을 방해할 것입니다. 그러나 현실적으로 불편하다고 해서 만나지 않을 수 없는 사람들이 있습니다. 나와 함께 일하는 상사가 불편할 수도 있고, 명절에나 볼 수 있는 친척들이 불편할 수도 있습니다.

의도가 무엇이든 불편함은 갈등을 만들고 갈등은 오해를 불러옵니다. 오해를 원활하게 풀려면 폭넓게 대화하는 방법이 필요합니다. 누구와도 공감할 수 있도록 내 정서를 다시 조정하는 것이 좋겠죠. 말 한마디에 하루 종일 기분이 상하기도 하고, 말 한마디에 그 사람이 좋은 인상으로 기억되기도 합니다. 꼭 만나야 하는 불편한 사람과도 자연스러운 말투로 대화하는 것이 진짜 말 잘하는 능력입니다.

한번 내뱉은 말은 주워 담을 수 없습니다. 한번 들은 말 역시 머릿속과 마음속에서 잊히지 않을 때가 많습니다. "선생님, 제가 말을 하면 사람들이 상처를 받는대요. 저한테는 그 말이 오히려 충격이었어요." 누군가 내 말에 상처를 받거나, 나 역시 누군가 한 말로 기분이 상하는 경험은 누구든지 할 수 있습니다. 의사결정 과정에서 이성적 판단보다 보통 감정이 앞선다는 연구결과만 보더라도 우리에게 감정은 중요합니다. 이러한 감정을 다스리고 상대방을 제대로 파악하려면 심리적 접근이 필요합니다.

3장 '상대방의 심리를 파악할 때 효과적인 말투'를 배운다면 다양한 각도에서 상황과 사람을 이해해 대화를 잘 이끌어갈 수 있습니다. 8년 전 서울에서 열린 세계적인 행사의 폐막식에서 연설하던 한 외국 대통령이 한국 기자들을 향해 질문할 기회를 주겠다고 했습니다. 개최국 역할을 훌륭히 해낸 데 감사를 표하고 아울러 같이 소통하고 싶다는 뜻이었죠. 몇 번 되물었으나 한국 기자 중 누구도 손을 들지 않아 중국 기자가 대신 질문했습니다. 이 사건을 계기로 '우리는 왜 질문할 수 없는가'라는 주제로 한국 교육의 문제점을 지적하는 다큐멘터리가 방송되기도 했습니다.

우리는 아직 사람들의 주목을 받는 말하기와 질문에 익숙하지 않습니다. 시대가 달라졌으니 이제는 말하는 것이 정말 중요하다고 강조하는 것이 오히려 부담스럽게 다가오기도 합니다. 많은 사람 앞에서 발표하는 것도, 회의시간을 주도하는 것도, 면접을 보는 것도 모두 대화로 이루어집니다. 관계 설정에서 차이가 있겠지만, 핵심은 커뮤니케이션입니다. 4장 '사람들의 주목마저도 즐기게 되는 말투'에서는 이런 상황에 맞는 대화 방법을 풀어보았습니다.

말을 잘하고 싶지만 이는 생각보다 어렵습니다. 그나마 편한 자리에서는 말을 잘하지만, 불편한 상황에서는 이상하게도 말하기가 어렵습니다. 이것이 바로 '말' 아닐까 싶습니다. 말을 잘하려면 따져봐야 할 것이 많습니다.

먼저 관계와 상황을 제대로 파악해야 합니다. 그에 따라 어떤 방식으로 말할지 고민도 필요하고, 내가 말하고자 하는 목표도 분명해야 합니다. 대부분 비즈니스 말하기에는 목적이 있습니다. 상대가 원하는 바를 충족해주는 대화를 이끌었을 때 내가 원하는 것을 얻을 수 있습니다. 일상생활에서도 크게 다르지 않습니다.

말을 잘하는 것이 능력인 시대가 되었습니다. 말을 잘하는 사람은 좋은 평가를 받기도 합니다. 말을 잘 다루는 사람은 자신이 원하는 방향으로 상황을 쉽게 조정하기도 합니다. 말하는 기술을 알면 상황을 자세히 볼 수 있습니다. 자세히 들여다볼 수 있다는 것은 말하기에 여유가 생긴다는 뜻이기도 합니다. 다만 그러려면 내 생각의 변화를 받아들일 수 있어야 합니다.

훌륭한 심리학 연구 결과들을 근간으로 삼아 불편한 자리에서도 편안하게 잘 말할 수 있는 방법을 담은 이 책이 여러분의 자신감을 높여주기를 진심으로 바랍니다.

이서영

차례

1장 어색한 분위기를 자연스럽게 만드는 말투

2장 불편한 사람과도 술술 대화하게 하는 말투

3장 상대방의 심리를 파악할 때 효과적인 말투

4장　사람들의 주목마저도 즐기게 되는 말투

"저는 어떤 상황에서나 어떤 사람과도 대화를 잘합니다!" 이렇게 말할 수 있는 사람이 얼마나 될까요? 그런 능력을 파는 곳이 있다면 아마 우리는 가장 먼저 달려가 주문을 하게 될 것 같습니다. 도대체 무슨 말을 어떻게 시작해야 할지 몰라 당황한 경험, 침묵을 깨고는 싶은데 말이 나오지 않았던 경험, 너무 어색한 나머지 그 공간의 공기마저 무겁게 느껴진 경험, 한 번은 있지 않나요?

1장

어색한 분위기를
자연스럽게
만드는 말투

처음 만난 사람과도
술술 말을 이어가는 비결

"선생님, 저는 영업직이라 고객을 많이 만나는데 처음 만나는 자리에서 무슨 얘기로 어떻게 시작해야 할지 잘 모르겠습니다. 다른 사람들과 달리 제가 말주변이 없어서 그런 걸까요?"

말을 하는 상황이 어색하고 익숙하지 않다면 누구나 어려움을 느끼고 긴장하게 됩니다. 어떤 말을 해야 할지 고민하면서 스스로 어색해하는 순간, 분위기가 참 난감해지죠. 특히 처음 만나는 사람은 더욱 어색하고 불편합니다.

그렇다고 자기감정을 진솔하게 표현하며 "너무 어색하죠"라는 말을 얹는다면 그 상황은 수습하기 어려운 어색함 속으로 빠져들게 됩니다. 대화가 자연스럽게 이어지게 하려면 가장 먼저 어색함을 이겨내야 합니다.

자리를 어색하게 만드는 말, "너무 어색하죠?"

비즈니스에서는 대부분 말을 하는 목적이 뚜렷합니다. 예를 들어 계약을 성사시켜야 하는 상황, 회의에서 내 의견을 관철해야 하는 상황 등 분명한 목적이 있습니다. 대부분 말하기는 목적을 담다보니 처음 만나는 사람과 대화할 때도 이 목적을 생각하게 됩니다.

저는 처음 보는 사람을 열심히 만나야 합니다. 교육하기 전, 상담하려고 만나는 순간이죠. 말하기에 어려움을 느끼는 분들은 어색한 분위기를 더욱 힘들어합니다. 그럴수록 제 리드가 중요해지는데, 초보 강사였을 때는 저도 무척 긴장했습니다. 강의보다 상담을 더 어려워했으니까요. 어떤 사람을 만나게 될지, 어떻게 말해야 할지 머릿속이 복잡해지고 가슴이 쿵쾅댑니다.

아마 여러분도 대부분 이 같은 압박감을 느낄 것입니다. 대화 성공욕구가 있기 때문입니다. 대화로 내 목적을 달성하고 싶은 욕구가 압박감을 만듭니다. 이런 압박감을 느끼면 대화를 잘 시작하기가 어렵습니다.

'얘기를 어떻게 시작하지? 오늘 내 대화 목적과 관련 있는 이야기로 시작해야 할 텐데' 하는 압박감은 초면의 어색한 분위기를 더 어색하게 만들어버립니다. 따라서 처음 만나는 사람과 어색한 분위기에서 대화할 때 대화 성공욕구의 압박감에서 자유로워져야 합니다.

내 목적에 맞게 이야기를 시작하지 않아도 됩니다. 오히려 대화의 목적성이 너무 뚜렷하다고 느끼는 순간, 상대방은 마음의 문을 닫아버리기도 합니다.

최근 이슈가 된 커뮤니케이션 기술 중 하나가 '잡담으로 대화를 시작하라'였습니다. 쓸데없는 이야기는 나와 상대방의 긴장감을 완화해줍니다. 말하는 사람도, 듣는 사람도 크게 부담되지 않는 이야기이기 때문입니다. 부담감이 없어지면 자기도 모르는 사이에 편안해지는 것을 느끼게 됩니다.

쓸데없는 이야기를 할 때는 주변을 활용해보세요. 지금 내가 있는 곳의 주변을 살펴보는 거죠. 주변에 보이는 것들을 소재로 대화를 시작하면 됩니다. 쓸데없는 대화가 때로는 상대방 마음을 편안하게 열어줄 수 있습니다.

"여기 분위기 좋네요."

"의자 디자인이 참 독특하네요."

"강아지가 정말 귀엽네요. 강아지 좋아하세요?"

심리학 용어인 피그말리온 효과Pygmalion effect를 들어보았나요? 타인의 긍정적인 기대나 관심이 사람에게 좋은 영향을 미치는 효과를 말합니다. 즉 누군가 나에게 관심을 가졌을 때 일의 능률이 오르거나 결과가 좋아지는 현상이 생긴다는 거죠.

처음 만나는 사람에게 관심을 가져보세요. 칭찬과는 조금 다른 의미일 수 있는 관심 말입니다. 다만 상대를 부담스럽거나 불편하게 만들지 않아야 합니다.

우리가 누군가에게 관심을 갖게 되면 상대방 모습 하나하나가 자세히 보입니다. 상대의 표정이나 말투, 옷차림까지 들여다볼 수 있게 되죠. 긍정적으로 들여다보면 예쁜 구석이나 상대방이 신경 썼다고 생각되는 부분까지 보입니다. 이 관심이 피그말리온 효과를 불러일으킬 수 있습니다.

"오늘 옷차림이 화사하네요! 어디 다녀오셨어요?"

"좀 피곤해 보이세요. 요즘 너무 바쁘신 거 아녜요?"

처음 만나는 사람은 나에게
또 다른 세계를 경험하게 해주는 통로

제가 사회생활을 갓 시작했을 때 자신감 넘치는 멋진 선배를 소개받았습니다. 알아두면 여러모로 좋을 거라는 친구의 소개로 만난 선배는 당차고 자기 일을 열정적으로 해내는 사람 같았습니다.

그 선배는 저와 함께 있는 자리에서도 유연하게 말을 잘하고, 무엇보다 분위기를 부담스럽지 않고 편안하게 이끌어주는 것이 인상적이었어요. 저도 나름대로 말을 잘한다고 생각했지만, 그 선배 특유의 진솔함은 따라갈 수 없었고 상대를 배려해준다는 기분까지 들게 했습니다.

직업적인 관심 때문인지 어떻게 그렇게 처음 만나는 사람과 거리낌 없이 말을 잘할 수 있는지 알고 싶더라고요. 그래서 슬그머니 질문을 던졌습니다. "언니, 어쩜 그렇게 처음 만나는 사람들과 말을 잘하세요? 원래 성격이 외향적이세요?"

뭔가 배워보겠다는 눈빛으로 진지하게 물었더니 선배는 호탕하게 웃은 뒤 답했습니다. "난 원래 밝고 긍정적인 성격은 아니야. 하지만 기본적으로 사람들을 만날 때 선입견이 없고 지나친 기대도 하지 않는 편이지. 그래서 부담 없이 편하게 대화할 수 있는 것 같아."

그렇습니다. 처음 만나는 사람에 대한 나만의 선입견, 지나친 목적의식이 그 자리를 불편하게 하는 것이었어요. 섣부른 판단과 내 목적에만 치우친 말하기는 상대방의 귀를 닫아버리게 만듭니다.

처음 만나는 사람과 편안하게 대화하고 다양한 감정을 공유해보세요. 그렇게 하면서 좋은 인연을 만드는 행운을 만나기 바랍니다.

처음 만나는 사람과도 편안하게 대화하는 법

1 대화 성공욕구의 압박감을 버려라.
2 주변 분위기를 활용해 쓸데없는 대화로 시작하라.
3 상대에 대한 관심으로 피그말리온 효과를 높여라.

어색한 침묵 속에도
빛나는 질문이 있다

부모님과 제 고향은 경상도입니다. 개그 프로그램에서는 무뚝뚝하고 말수가 적은 이들을 경상도 사람으로 표현하기도 하죠. 실제로 제사를 지내려고 큰집에 가거나, 사촌들을 만날 때면 어색한 침묵의 순간을 직접 느끼게 됩니다. 큰집 어른들은 말씀이 거의 없으시고, 반응이 적극적이지 않으십니다. 오순도순 둘러앉은 식사시간에도, 텔레비전을 보는 동안에도 고요함이 느껴질 정도입니다.

말이 많고 발랄했던 저에게는 그 시간이 참기 어려웠습니다. 괜히 헛기침을 하거나 천장을 한번 올려다보거나 바닥을 내려다보며 어색함을 이겨내야 했습니다.

성인이 된 뒤에는 이런 순간을 더 많이 느끼게 되었습니다. 특히 사회생활을 하며 이런 상황을 자주 접하게 됩니다. 눈치 게임을 하는 것도 아닌데 아무나 이야기를 시작했으면 좋겠다는 마음이 들게 만듭니다. 이런 순간, 정적을 깨기 위해 자연스럽게 대화를 이끌어내는 질문이 필요합니다.

질문에는 사람들을
집중하게 만드는 힘이 있다

강연이라고 하면 대부분 일방적 교육이라고 생각합니다. 강연자가 연단에 올라 청중을 대상으로 정보를 전달하는 방식이라고 생각하지요. 이때 강연자가 질문을 사용하면 청중의 생각을 깨워 집중하게 만들 수 있습니다.

커뮤니케이션 전문가 도로시 리즈Dorothy Leeds의 책『질문의 7가지 힘』에서도 엿볼 수 있듯이, 질문은 사람들에게서 '응답반사' 본능을 유도합니다. 한마디로 질문을 받으면 반사적으로 대답하려는 본능이 있다는 것이죠.

강의 중 자문자답하는 경우도 있지만, 실제로 청중에게 대답을 듣기 위한 질문을 던질 때도 있습니다. 그럴 때면 청중의 머릿속이 복잡해지는 것을 느낍니다. 이 질문에 어떻게 대답할지 생각하게 되는 거지요. 또 나에게 질문이 들어올 것을 예상해 미리 준비하기도 합니다. 이렇게 질문은 대화를 이끌어내는 아주 중요한 언어 표현입니다.

질문은 단순한 것이 가장 좋습니다. 세상에 바보 같은 질문은 없습니다. 학창시절 수업이 끝날 때쯤 선생님이 질문을 받겠다고 하십니다. 그런데 손을 들어 질문하는 데는 큰 용기가 필요했습니다. 뭐 그따위 질문을 하냐는 핀잔을 들을 것 같다는 두려움, 친구들에게 쓸데없이 잘난 척한다는 인상을 주지 않을까 하는 두려움이 컸기 때문이죠.

저 혼자만의 생각은 아니었을 겁니다. 질문은 상대방을 귀찮게 하거나, 내가 모르는 것을 쉽게 알려고 하는 것만은 아닙니다. 질문에 대한 생각을 바꾸는 일부터 시작해봅시다.

질문은 서로가
마음으로 하는 악수

질문은 마음을 열고 당신과 대화할 준비가 되어 있다고 신호를 보내는 것입니다. 그럼 꼭 좋은 질문만 해야 할 필요는 없지 않을까요? 기분을 상하게 할 목적으로 하는 무례한 질문만 아니라면 어떤 질문도 그 자리를 유연하게 만들어줄 수 있습니다. 질문을 가볍고 쉽게 해보세요. 다음과 같이 단도직입적으로 정확하게 묻는 것도 좋습니다.

"이 물건을 사용해본 적이 있나요?"
"카페에 언제 도착하셨어요?"

단순하고 쉽게 한 가지만 질문하려면, 주어와 서술어를 담아 한 문장으로 표현해보세요. 상대방이 골똘히 생각해야만 하는 질문만 좋은 질문이 아닙니다. 궁금한 점을 구체적으로 상대방이 이해하기 쉽게 물어보는 것이 좋은 질문입니다.

커뮤니케이션 전문가로 스피치 학원을 운영한다고 저를 소개하면 보통 말을 참 많이 할 것 같다고 합니다. 물론 아무리 참여형 강의를 한다고 해도 제가 주도적으로 말하는 경우가 많기에 말하는 데 에너지를 많이 쏟긴 합니다. 그런데 상담을 진행하거나 사람들의 교육 니즈needs를 발견하려면 질문을 많이 하고, 그들 이야기를 듣는 데 좀더 집중해야 합니다. 상대방을 설득하기 위해 중요한 것이 바로 질문이거든요.

그렇게 질문하다 보면 나름대로 노하우가 생깁니다. 좀더 쉽게 답하며 말을 이끌어낼 수 있도록 아래와 같이 선택형 질문을 하는 겁니다.

"어떤 것을 배우고 싶으세요?" → "논리적으로 말하는 법과 좋은 목소리로 훈련하는 것 중 어떤 것을 배우고 싶으세요?"

"무슨 음식을 좋아하세요?" → "한식, 일식, 중식 중 어떤 종류의 음식을 좋아하시나요?"

비즈니스로 사람들을 만나는 경우, 질문할 때 고려해야 할 점은 상대방은 나보다 많이 알고 있지 않다는 것입니다. 그렇다면 내가 하는 질문이 어려울 수 있습니다. 쉬우면서도 선택할 수 있도록 질문해야 상대방이 정말 원하는 것을 파악할 수 있습니다. 상대방을 만족시킬 수 있는 대화는 결국 성과로 연결됩니다.

아이들은 끊임없이 "왜요?"라고 묻습니다. 아이들 못지않게 한동안 저도 '왜요병'에 걸렸었는데, 나와 다른 사람의 생각을 들음으로써 또 하나의 세계를 경험하는 기분이 들었습니다. 그리고 많은 사람을 만나면서 얻은 가장 큰 재산은 그들 이야기를 들을 수 있었다는 것입니다. '왜?'라는 질문으로 이유에 대한 답변을 이끌어냈을 때 거기에 해결책이 숨어 있거든요.

끊임없이 질문하는 과정에서 우리가 얻을 수 있는 답은 질문에서 해결책을 찾을 수 있다는 것입니다. 요구한 일이 처리되지 않는다면 "처리가 안 되는 이유가 뭘까요?"라는 질문이 정보를 얻게 만들어줄 것입니다. 정보를 활용해 새로운 방안을 제시할 기회가 생기기 때문이죠.

다만 질문할 때는 말투에 신경 쓰면 좋겠습니다. 심문하듯 공격적으로 물어보는 것이 아니라, 부드러운 말투로 종결어미를 길게 늘이며 질문하세요. 어떤 질문도 받아들이기 편안하게 들릴 것입니다. 무거운 침묵이 흐르는 상황을 유연하게 이끄는 방법은 질문을 던지는 것입니다.

침묵이 흐르는 상황을 유연하게 만드는 질문

1 Just only, 쉽게 한 문장으로 질문하라.
2 Pick up, 상대가 선택할 수 있도록 질문하라.
3 Open mind, '왜?'라는 질문으로 구체적인 답변을 들어라.

이성과 첫 만남에서
호감을 이끌어내는 말투

심리학자들은 우리가 이성을 처음 만나서 호감을 느끼는 데에는 다음과 같은 몇 가지 이유가 있다고 이야기 합니다.

먼저 시각적으로 뛰어난 이성을 보았을 때 호감을 느끼죠. 그렇다고 시각적으로 뛰어나지 않으면 이성에게 호감을 느끼게 할 수 없는 것은 아닙니다.

단순노출효과mere exposure effect처럼 만나는 기회가 많으면 많을 수록 상대방에게 호감을 느낄 가능성이 높아지는 경우도 있습니다. 마음에 드는 이성이 있다면 만날 기회를 적극적으로 만드는 것도 효과가 있겠죠.

그것도 아니라면 유사성이라는 부분에 주목해야 합니다. 나와 같은 특징이 있거나 공감하는 부분이 많을수록 상대는 호감을 느끼게 될 것입니다.

"저하고 고향이 같네요."
"우리 취미가 같군요."
"저도 그것 좋아하는데!"

소개팅 자리에서 에너지가 넘치는 이성을 만난 적이 있습니다. 유창하게 말을 잘하는 분이었어요. 저에게 관심이 있는 건지, 아니면 자리를 편안하게 만들기 위해서인지 질문을 무척 많이 했습니다. 대부분 제 직업에 관해 질문했는데 강사라는 직업에 대해 궁금한 것이 많을 수 있다고 생각했습니다.

그런데 그분의 많은 질문에 대답하면서 이성을 만나러 온 게 아니라 수강생을 만나 대화하는 것 같다는 느낌을 받았습니다. 자기와 다른 일을 하는 저에 대한 궁금증이었겠지만, 저는 이질감만 느꼈을 뿐 대화가 잘 통한다는 생각이 들지는 않았죠. 질문이 상대방 생각과 마음을 열어주는 요소가 될 수도 있지만, 이런 경우는 질문을 잘못 활용하는 것 같았습니다.

나와 다른 부분에 집중하기보다는 서로 같은 부분과 성향이 있는지에 주목해보세요. 카페나 음식점에서 만난다면, 좋아하는 음료와 음식으로도 유사성을 찾을 수 있습니다.

소소하고 가벼운 대화로
이성과 공통점을 찾는다

호감을 느꼈던 이성과 함께 식사를 마치고 집으로 돌아가는 길이었습니다. 그분이 다급한 연락을 받고는 일하러 가야 한다며 "오늘 데려다주려고 했는데 급한 일이 생겨서… 미안해요"라고 말했습니다.

저는 그 말이 예쁘게 들렸습니다. 속마음이 '말이라도 이렇게 하자' 하는 것이었더라도 '내가 급한 일이 생겨 가야 하는 걸 이해해주겠지'라며 말을 안 하는 것보다 좋았습니다. 따뜻한 마음씨가 좋은 인상을 준 만남이라고 생각했습니다.

"바쁘긴 하지만 일에서 느끼는 보람이 커서 좋아요."

"그 영화의 OO 부분이 너무 감동적이었어요."

"제가 보기에 OO을 정말 잘하실 것 같은데요!"

자기 스스로 부정적 면모를 갖고 있다고 생각할 수도 있습니다. 마음에 드는 이성 앞에서 솔직해져야 한다는 소신이 있을 수도 있고요. 하지만 차차 알아가는 것이 더 좋지 않을까요?

첫 만남에서 거짓으로 표현하라는 것이 아닙니다. 긍정적인 말투로 기분 좋은 만남이 된다면 인연이 아니더라도 그 시간만큼은 전혀 아깝지 않을 것 같아요.

사랑하면 닮는다는 말은
엄연한 사실이다

지인의 결혼식장에서 뒤에 앉은 하객들의 말이 들려왔습니다. "어쩜 부부가 저렇게 닮았어! 잘 살겠다." 실제로 신랑과 신부는 무척이나 닮아 보였습니다. 사랑하면 닮는다는 말이 틀리지 않나 봅니다.

1996년 이탈리아 자코모 리촐라티Giacomo Rizzolatti 연구팀이 발견한 거울뉴런mirror neuron은 뇌의 신경네트워크의 작용으로 다른 사람 행동을 거울처럼 반영하게 된다는 이론인데, 부부가 서로 닮아가는 현상, 하품을 하면 따라 하는 현상 등이 모두 거울뉴런이 반응하는 결과라고 합니다. 이는 이른바 미러링효과mirroring effect라고도 하지요.

누군가에게 호감을 얻고 싶을 때 이런 무의식 현상을 이용하는 것도 좋은 방법입니다. 상대방이 적극적으로 말하느라 몸을 앞으로 당긴다면, 나도 같이 그 사람 쪽으로 몸을 움직일 수도 있습니다. 척하면 척하고 서로의 손뼉이 마주쳐지듯이, 같은 말을 의식적으로 반복하는 것도 거울효과를 이용하는 방법이겠죠. 상대방이 턱을 괴면 나도 턱을 괴는 자세로 응하면 됩니다(몸짓거울효과). 상대방이 미소를 지으며 바라본다면 나도 미소를 지으며 화답하면 됩니다(표정거울효과). 상대방이 한 말을 다시 한 번 되새겨 반복하며 응답하는 것(대화거울효과)도 좋습니다.

그런데 주의해야 할 점이 있습니다. 의도적으로 상대방을 따라 한다고 해서 눈치챌 정도로 보여주게 된다면 오히려 반감을 불러일으킬 수도 있어요. 상황에 맞게 적절하게 시도하는 것이 필요합니다. 이렇게 거울효과를 제대로 이용하면 좀더 빨리 친숙해질 수 있겠죠.

분위기가 내 의도대로 흘러가면 더할 나위 없이 좋겠지만, 상대가 소극적으로 반응할 수도 있습니다. 몸을 뒤로 빼거나 무표정하게 말할 수도 있고요. 이럴 때 똑같은 행동으로 보여주는 거울효과보다 상대방이 내 행동을 무의식적으로 반영할 수 있도록 적극적으로 행동하세요. 분위기가 훨씬 부드럽게 바뀔 수 있습니다.

수많은 사람 중 어떤 인연이기에 이 사람과 마주하게 되었을까요? 어쩌면 짧게 한 번 만나는 인연일 수도 있고, 오랫동안 함께할 인연일 수도 있습니다.

그 사람과의 인연은 내 의지와는 다른 문제일 거예요. 하지만 대화는 충분히 내 의지대로 할 수 있습니다.

이성과 처음 만나는 자리에서의 호감 대화법

1 유사성 찾기에 주목하라.
2 예쁘고 긍정적인 말투를 보여줘라.
3 거울효과를 이용해 호감도를 높여라.

생각보다 되돌리기 어려운
말실수에 대처하는 방법

　　민간협회에서 강의하는 날이었습니다. 강의 전 관계자들과 만난 자리에서 명함을 받았습니다. 평소 강의하러 가면 자연스레 관계자들을 만나는데, 그날은 특히 많은 이들을 만나서 5분도 안 되는 시간에 명함을 10장 가까이 받다 보니 명함이 누구누구 것인지 혼란스러웠습니다.

　　그 순간 예전 기억이 떠오르면서 저도 모르게 긴장했습니다. 강의를 시작하기 전 담소를 나누며 교육 담당자에게 열심히 "대리님"이라고 했는데, 알고 보니 과장 직책이었어요. "제가 과장으로 승진한 지 꽤 되었습니다." 그분은 웃으며 얘기했지만 저는 민망했고, 서로 어색했던 그 상황을 아직도 생생히 기억합니다. 집에 돌아와 얼마나 후회했는지…. 당시에 강사로서 엄청난 실수를 했다고 생각합니다.

직장에서 가장 빈번히 하는 말실수는 호칭 부분

그 후 명함을 받으면 직책과 이름을 기억하려고 노력했습니다. 명함을 받으면 "김지원 대리님, 반갑습니다." "아, 차동현 과장님" 하며 소리 내서 말해보니 훨씬 잘 기억나더라고요.

'내가 그 말을 왜 했을까?' 집에 돌아와 자책하며 후회한 경험이 있을 거예요. 단어를 잘못 말해서 어이없는 웃음을 부르는 말실수부터 정말 하지 말아야 하는 말실수까지, 왜 우리는 말실수를 하게 될까요? 마음 깊은 곳에 무의식이 존재한다고 믿은 정신분석학의 창시자 지그문트 프로이트Sigmund Freud는 말실수란 무의식적인 본연의 진짜 생각이 의식과 충돌해 발생할 수 있다고 했습니다.

평소 말이 많았던 한 국회의원의 말실수가 이슈가 된 적이 있습니다. 그가 대학생들과 저녁식사를 하는 자리에서 여성의 외모를 비판하는 발언은 물론 아나운서라는 직업에 대한 모욕적인 이야기를 한 것입니다. 프로이트 이론에 따른다면 무의식중 자기 생각을 내뱉은 것이 아닐까요? 말실수를 영어로 번역하면 'slip of the tongue' 입니다. 혀가 미끄러져 말이 잘못 나온다는 뜻입니다. 어떤 방해물 도, 이유도 없이 혀가 미끄러지는 것은 아닐 겁니다.

의도하지 않게 무의식의 생각이 입 밖으로 나와 곤란을 겪는 경 우도 있습니다. 남녀를 불문하고 외모에 대한 말은 정말 조심해야 합니다. 듣는 사람이 주관적으로 판단하기 때문에 같은 말이라도 다르게 느껴질 수 있거든요.

방송인으로 활동하기 전 은행에서 일한 적이 있습니다. 직원들 끼리 나이가 비슷했기에 격의 없이 친하게 지내며 즐겁게 직장생 활을 했어요. 회식도 잦은 편이어서 모두 함께하는 회식에서 끝까 지 가는 것이 일상이 되었습니다.

그런데 어느 날 여자 동료가 회식 중간에 사라졌습니다. 걱정되 어 전화해서 물었더니 갑자기 급한 일이 생겨 먼저 귀가했다는 겁 니다. 순간 당황했지만 그럴 수 있겠다는 생각이 들었고, 다음 날 출근해서 밝은 얼굴로 만났습니다.

그런데 그 친구에게서 평소와 달리 불편한 기색이 보이기에 걱 정스러워 조심스럽게 그 이유를 물어보았습니다. 그 친구는 살집 이 있는 편이었는데, 회식 자리에서 남자 선배가 자기더러 살이 쪄 서 통통해지니 귀엽다고 한 말이 상처가 되었다는 것입니다.

사실 그 선배의 말이 지나친 부분이 있었어요. 악의가 없었던 것은 알지만, 많이 먹는다는 둥 살이 얼마나 쪘냐는 둥 친하다는 이유로 말이 지나쳤습니다.

상대방이 상처를 받고 기분이 나빴다면 말실수가 됩니다. 그 이후 회사생활이 조금 어색해졌습니다. 남자 선배가 적극적으로 사과하며 잘 마무리되었지만, 다시 예전의 마냥 좋았던 분위기로 돌아가는 데는 시간이 꽤 오래 걸렸습니다. 한마디 말실수가 오랫동안 쌓아왔던 좋은 관계를 순식간에 무너뜨릴 수 있다는 것을 몸소 느꼈던 일이었어요.

회식 자리에서는 술이라는 매개체가 사람들의 긴장을 풀어지게 만듭니다. 적당히 기분 좋게 마시는 술자리는 자기 얘기를 진솔하게 하며 관계를 더욱 끈끈하게 만들어줄 수 있습니다. 그런데 긴장감이 풀어져 실수하는 부분들을 놓치면 안 됩니다. 이렇게 실수했다면, 진심을 다해 적극적으로 사과해야 합니다. 변명이나 이유를 늘어놓는 것은 좋은 방법이 아니더라고요. 오해가 있다는 식의 변명은 사과를 진심으로 받아들이지 못하게 만듭니다.

"제 말이 지나쳤어요. 충분히 기분 나쁜 말일 수 있다는 것을 제대로 알지 못했습니다."

"제가 잘못했어요. 정말 미안합니다. 어떡해야 OO 씨 기분이 풀릴까요?"

사과와 감사가 너무 인색한 사회가 되었어요. 사소한 일은 물론이거니와 진심 어린 사과가 필요한 순간에도 예외는 아닙니다.

상담사이자 심리학자인 게리 채프먼Gary Chapman과 제니퍼 토머스Jennifer Thomas는 책『5가지 사과의 언어』에서 사과를 위해 필요한 5가지 표현을 제시했습니다. 저자들은 연구를 통해 사과에는 5가지 기본 요소가 있다는 결론에 도달했으며, 사과가 제대로 받아들여지게 하려면 진실성을 전하는 언어를 사용할 필요가 있다고 했습니다.

단순히 미안하다고 하는 사과가 아닌 유감을 표현하고, 책임을 인정하며, 용서를 구한 뒤 보상하려는 노력을 담아 말할 수 있어야 합니다. 충분한 사과가 좋은 관계를 회복하는 출발점이라는 사실을 기억했으면 합니다.

다 너를 위해서 하는 말이라는 충고는 핑계일 뿐이다

가까운 사이일수록 말실수를 하는 일이 많습니다. 관계는 우연히 이루어지지 않습니다. 원해서 맺은 소중한 인연인데 친근한 관계가 말실수로 멀어지는 것은 아닌지 잘 생각해봅시다.

학창 시절부터 단짝 친구 3명과 오랜 시간 좋은 관계를 유지해왔습니다. 그런데 어느 순간부터 두 친구가 서로 불편해하기 시작했어요. 알고 보니 친구에게 건넨 충고가 시발점이었습니다.

좋은 충고와 말실수는 한 끗 차이입니다. 국어사전을 보면 충고는 '남의 결함이나 잘못을 진심으로 타이름 또는 그런 말'이라고 되어 있습니다. 솔직함을 무기로 다른 사람에게 지적질을 하거나, 주관적인 잣대로 사람을 평가하는 것은 말실수라고 생각합니다.

특히 말을 많이 하면 그만큼 실수할 확률이 더 높아집니다. 이런 실수를 줄이는 것도 말을 잘하는 방법 중 하나가 됩니다. 어색한 자리일수록 분위기를 바꾸기 위해 말을 많이 하게 되죠. 하지만 가끔은 침묵을 즐기는 건 어떨까요? 사실 침묵은 기회가 될 수 있습니다. 다른 사람들의 말을 잘 들으며 따뜻한 미소로 침묵해보세요. 말실수를 줄이는 출발점이 될 것입니다.

갑자기 어색하게 만드는 말실수 대처법

1 정확한 호칭을 소리 내어 확인하며 말실수에 대비하자.
2 생각 없이 내뱉은 말실수는 적극적으로 실수를 인정하고 사과하자.
3 솔직함을 빙자한 뼈 있는 말은 충고가 아니다.

대화가 뚝뚝 끊길 때
지혜롭게 대처하는 법

"벌써 시간이 이렇게 되었네요!" 친분이 있는 영화감독 덕분에 시나리오 작가를 소개받았습니다. 평소 영화를 좋아하기도 하고, 새롭게 추진 중인 프로젝트가 있어 도움을 청할 생각이었어요. 두 번째 만남에서 점심을 함께 먹게 되었고, 생각보다 말이 잘 통했습니다. 즐겁게 얘기하다 보니 어느새 시간이 저녁 6시를 향해 가더라고요. '시간 가는 줄 모르고 이야기한다는 것이 이런 상황이구나' 하는 생각이 들었습니다.

한 사람만 줄곧 이야기하는 것도 아니고, 주거니 받거니 비즈니스 얘기보다 소소한 얘깃거리로도 충분히 즐거운 시간이었습니다. 이후 적극적으로 일을 함께 진행하는 경우가 많았습니다. 왜냐하면 만나 얘기하는 것 자체가 즐거웠기 때문이에요. 그분과 제가 성향이 아주 잘 맞아서 대화가 잘 통했을까요? 그렇지는 않았어요. 다만 그분이 대화를 이끄는 방식이 분위기를 좋게 만들었습니다.

개그맨처럼 남을 웃겨야만
대화의 달인이 되는 게 아니다

흔히 대화를 잘하려면 유머가 필요하다고 생각합니다. 유머는 우스운 이야기일까요? 성대모사쯤 몇 가지를 해야 하고, 개그 프로그램 소재를 알아야만 할까요? 사람을 웃기는 재주가 있다면 대화를 좀더 편안하게 이끌 수는 있겠지만, 굳이 안 맞는 옷을 입은 것처럼 '아재개그'를 남발하는 것이 오히려 대화가 뚝뚝 끊기게 하는 주범이 될 수도 있습니다.

강사로서 재미있게 말하고 싶다는 욕구가 있습니다. 레크리에이션 강사나 개그맨 출신 강사들은 재치가 넘칩니다. 강의가 시작되기도 전에 이미 웃음이 넘치는 교실이 되거든요.

제 주변 강사 중 웃기는 재주가 없는데도 유머에 집착하는 분이 있습니다. 이 사람은 재미있는 이야기를 준비했다가 강의실에서 터뜨립니다. 그런데 분위기가 좋지 않거나 청중이 반응하지 않을 때가 있어요. 그럼에도 그는 다음 강의에서 다시 시도하는 열정을 보여줍니다.

반응이 없는 유머가 어느 순간 재미있어질 수 있을까요? 특별한 경우가 아니라면 청중의 반응은 비슷합니다. 재미있는 이야기는 언제 어디서든 웃음이 터지죠. 웃음은 강요하지 않는 것이 좋습니다. 내가 재미있다고 생각하는 이야기를 상대방은 감흥 없이 들을 수도 있거든요.

재미있는 대화거리보다 서로 집중하게 만드는 환경을 만드는 데 힘써보세요. 필요한 것은 적극적인 반응신호입니다. 반응신호를 가장 잘 보내는 사람이 있습니다. 바로 아이들입니다.

친구 집에 놀러갔다가 친구의 일곱 살짜리 딸아이와 끊임없이 대화해야 했습니다. 직업적 역량을 발휘해 표현력 넘치게 책을 읽어주니 아이가 정말 좋아하더라고요. 무슨 이야기가 나오든 초롱초롱한 눈빛으로 뜨거운 반응을 보이니 멈출 수 없었습니다. 입이 좀 아프긴 했지만, 저도 덩달아 신나서 말했던 것 같습니다. 이렇게 반응신호만으로도 대화가 유연하게 이어질 수 있습니다.

"와~ 그래서 어떻게 되었어요?"(촉진신호)

"진짜요? 정말요?"(공감신호)

"맞아요! 저도 그래요!"(동의신호)

반응에 따라 상대방의 말하기도 달라집니다. 적극적인 반응이 상대방의 말을 술술 끌어냅니다. 생각보다 많은 이들이 반응신호에 둔감합니다. '뭘 저렇게까지 반응해?' '나름대로 반응한 것 같은데'라며 무시해버리는 경우가 많아요.

커뮤니케이션이라는 주제로 강연할 때 항상 하는 질문이 있습니다. "여러분은 누구와 대화가 가장 잘 통하나요?" 많은 이들이 친구라고 대답합니다. 결혼한 이들이 배우자를 떠올리지 않는 것은 의외이기도 합니다. 그런데 누구와 대화가 가장 통하지 않느냐는 질문에 "아버지"라고 대답한 사례도 꽤 있습니다. 아버지와 말하다 보면 대화가 뚝뚝 끊기는 상황을 더욱 체감하게 되죠.

가장 가까이 있는 사람과 통하는 대화를 하고 싶다면 적극적으로 표현하세요. 하면 할수록 느는 것이 대화반응신호입니다.

뚝뚝 끊기는 대화는 패턴이 있습니다. 반응신호 없이 자기 이야기로 화제를 바꾸는 것입니다.

"나 원피스가 한 벌 필요한데…."
"아, 나도 옷 사야 하는데!"

원피스가 필요하다는 친구 말에 내 위주로 말을 돌려버렸네요. 그러니 상대방도 더이상 대화를 이어가기가 어려운 거죠.

나르시시즘narcissism이라는 말 들어보셨죠? 독일의 네케가 물에 비친 자기 모습에 반해서 빠져 죽었다는, 그리스신화에 나오는 나르키소스의 이름을 따서 만든 용어입니다. 지나치게 자기 자신이 뛰어나다고 믿거나 자신에게 애정이 넘치는 자기중심적 성격 또는 행동을 말해요. 이런 자기애는 적절하다면 도움이 될 수 있지만 대화에서는 방해가 될 수 있습니다.

사회학자 찰스 더버Charles Derber는 대화에 자기 자신을 집어넣으려는 성향을 '대화의 나르시시즘'이라고 했습니다. 대화를 장악하고, 주로 혼자 떠들고, 대화 초점을 자기 자신에게 맞추려는 욕구라고 합니다. 대화에도 조화가 필요합니다. 충분히 듣고 반응신호를 보낸 뒤 자기 이야기를 해도 늦지 않아요.

"원피스가 한 벌 필요한데…."

"아, 그래? 갑자기 왜?"

"응. 나는 평소에 원피스 안 입는데 회사에서 특별행사를 한다고 해서…."

"그래? 잘 어울릴 거야! 근데 무슨 행사?"

특별히 주제를 바꾸려고 노력하지 않아도 자연스럽게 이야기가 이어집니다. 대화가 잘 풀리면, 상대방이 나와 잘 맞는 사람이라는 느낌이 듭니다. 대화만으로도 호감도가 상승하는 효과를 볼 수 있죠.

말을 잘할 수 있게 만드는 교육을 한다고 해서 혼자서만 잘 말하는 방법을 알려주지는 않습니다. 저는 혼잣말이 아닌 모든 말하기를 대화라고 생각합니다. 대화는 누군가와 함께 나누는 일이죠. 그러려면 배려가 필요합니다.

말로 표현하는 배려는 우리에게 더 많은 것을 알려줄 수 있습니다. 나와 대화하는 것을 즐거워하는 사람을 볼 때, 나와 대화하며 말을 술술 해내는 사람을 볼 때, 배려하는 말하기의 즐거움을 만끽할 수 있습니다.

뚝뚝 끊기는 대화를 이겨내는 방법

1 나만 재미있는 이야기는 하지 말자.
2 상대방의 말에 열정적으로 반응신호를 보내자.
3 대화의 나르시시즘을 피하자.

할 말이 없는 자리에서
유용한 나만의 레퍼토리

저는 방송을 할 때도 즉흥적인 말하기에 능통한 사람이 아니었습니다. 상대방이 대본에 없는 질문을 하면 당황해서 고개를 푹 숙이던 아마추어로, 사람들에게 방송을 잘 못한다는 말을 밥 먹듯이 들었어요.

그런데도 무슨 배짱이었는지 쇼 호스트를 준비하기도 했습니다. 수다스러울수록 좋고, 즉흥적으로 말을 잘하는 능력이 있는 사람만 할 수 있다는 그 쇼 호스트 말이죠. 어려운 직업이라는 인식보다는 제 목소리와 잘 어울린다는 지인들의 말에, 카메라 앞에 선다는 기대감이 저를 도전하게 만들었습니다.

쇼 호스트 공채시험에서는 다양한 상품을 즉흥적으로 프레젠테이션할 수 있어야 합니다. 어떤 상품 군이 주어질지 모르니 정말 어려운 시험 관문인 셈이죠. 그 시험을 준비하며 제가 했던 방법은 상품 군마다 말할 주제를 정하는 것이었어요. 화장품부터 식품까지 어떤 카테고리가 주어진다 해도 즉흥적으로 잘 말할 수 있도록 오프닝(주제)을 모두 하나씩 짜놓았습니다.

그렇게 하니 어떤 주제에도 조금은 수월하게 말할 수 있었습니다. 물론 정식 쇼 호스트로 합격하지는 못했지만, 게스트로 활동해보는 경험은 저에게 주어졌습니다.

이렇게 말할 소재를 미리 구성하면 말하는 것이 훨씬 편해집니다. 대화도 마찬가지여서 나만의 대화 레퍼토리가 있으면 정말 할 말이 없는 자리에서도 편하게 대화할 수 있습니다.

자신의 인지구조와 불일치하는 정보에 호기심을 느끼는 사람들

대화 레퍼토리는 사람들이 흥미를 느끼고 즐겁게 들을 수 있는 것이어야 하겠죠. 우리는 무엇에 흥미를 느낄까요? 자신이 모르는 새로운 정보를 받아들일 때 호기심을 갖게 되는데, 강의에서도 시작할 때 사람들이 처음 접할 만한 새로운 정보를 풀어내면 집중도가 높아집니다. 다양한 에피소드를 수집하고, 간접 경험을 할 수 있는 책을 가까이하라는 이유도 이런 맥락이겠죠. 새롭게 알게 된 정보를 대화 레퍼토리로 정해보세요. 제일 좋은 대화 레퍼토리는 상대방이 관심 있는 분야입니다.

비즈니스에서 상대방을 미리 파악하고, 흥미로울 만한 대화 소재가 있다면 더할 나위 없이 좋겠지만 그렇지 않은 경우가 많아요. 이때 논쟁이 될 만한 주제나 소재보다는 편안하게 알 수 있는 정보가 좋습니다. 문화, 예술과 관련된 정보나 여가생활 정보 또는 건강과 관련된 대화 소재도 좋습니다.

"얼마 전 OO전시회에 다녀왔는데, 영상을 가미해서 훨씬 볼거리가 많더라고요. 전시회나 공연 좋아하세요?"

"요즘 살이 찌는 것 같아서 크로스 핏 운동을 하는데 힘들면서도 재미있어요. 쉴 때 어떤 활동을 주로 하시나요?"

"오늘도 미세먼지가 심하다죠. 녹차 한잔 드셔보세요! 녹차에 들어 있는 타닌 성분이 몸속에 쌓여 있는 중금속을 배출해준대요."

조금만 눈을 크게 뜨고 살펴보면 주변에는 대화 소재가 많습니다. 검색만 하면 찾을 수 있는 정보가 다양하고, 다채로운 텔레비전 프로그램은 우리에게 즐거움과 유익함을 동시에 줍니다. 게다가 1인방송 시대라 해도 지나친 말이 아닐 정도로 유튜브 채널도 다양합니다. 물론 선별된 정보는 아니기에 제대로 알아봐야 하지만, 대화 소재만큼은 차고 넘칩니다. 더도 말고 덜도 말고 3가지 소재만 찾아 머릿속에 담아두세요.

저는 상담할 때 일방적 질문으로 진행하지 않습니다. 일단 상담을 진행하는 저를 개방하고 드러냅니다. 1994년 콜린스와 밀러^{Collins} & Miller의 연구에 따르면, 사람들은 자기 자신을 먼저 노출하는 상대에게 호감을 느끼며 자신이 좋아하는 사람에게 자신을 많이 노출한다고 합니다.

심리학적 용어인 자기노출^{self-disclosure}로 상대방 마음을 자연스럽게 열어 대화를 편안하게 이끌어낼 수 있다는 거죠. 상담기법으로는 자기개방이라고도 합니다.

여러분은 누구와 대화할 때 가장 편한가요? 단짝 친구나 친한 사람과 대화하는 순간일 것입니다. 그들과 함께할 때 대화가 편안하게 이어지는 것은 자기 이야기를 스스럼없이 할 수 있고, 친구 이야기를 스스럼없이 듣고 상담도 해줄 수 있기 때문입니다.

개인적인 고민부터 연애 고민까지, 고민을 상담하고 참견하는 프로그램이 인기 있는 데에는 이유가 있습니다. 그런데 친분이 깊지 않은 사이에 심각한 고민을 상담할 수는 없습니다. 이런 경우 '도대체 왜 나에게 이런 이야기를 하지?'라고 생각해 실없는 사람으

로 평가할 수도 있어요. 그래서 가벼운 걱정거리나 고민을 대화 레
퍼토리로 사용하는 것이 좋습니다. 단, 상대에 따라 공감이 가능한
고민을 선택해야 합니다.

"우리 회사는 휴가가 짧아서 가족과 어디를 다녀와야 할지 고민
이에요."

"스타트업 기업은 마케팅이 제일 중요한데 홍보를 어떤 식으로 해
야 할지 막막해요."

"일하랴 아이 돌보랴 하루가 너무 짧아서 여가생활은 꿈도 못 꿔요."

나만 들을 수 있는 이야기는
관계를 더욱 돈독하게 만든다

새해가 되면서 자주 이용하던 매장의 VIP고객이 되었다는
메시지를 받았습니다. 뭔가 특별해진 기분이 들면서 혜택을 살피
게 되더라고요. V.I.P.는 Very Important Person의 앞 글자를 딴 말
로 아주 중요한 사람을 뜻합니다. 간혹 V.V.I.P.라는 말로 고객을
사로잡는 매장도 있습니다.

고객이 되었을 때만 특별해지고 싶은 것은 아닙니다. 나만 들을

수 있는 이야기는 관계를 더욱 돈독하게 만드는 매개체가 될 수 있습니다. 다만 비즈니스 상황이라면 공정성에 어긋나는 행위로 현혹하는 대화는 절대 안 됩니다.

말의 기술이 향상된다는 것은 여러 가능성에 노출된다는 의미이기도 합니다. 자기 이득만 취하는 도구로 사용할 수 있다는 말이죠. 말을 잘하는 기술은 윤리적으로 우리 성장을 돕는 도구로 사용되어야 합니다. 할 말이 없는 자리에서도 편안한 분위기로 이끌 수 있도록 말이죠.

나만의 대화 레퍼토리 만드는 방법

1 새로운 정보에 귀를 열어두자.
2 가벼운 걱정거리나 고민을 이용해 자기노출 효과를 높이자.
3 우리끼리만 공유할 수 있는 무언가가 필요하다.

누구와도 빠르게
친해지는 마법의 말투

　　연예계의 마당발이라고 불리는 배우가 있습니다. 마치 정치인 같은 모습으로 만나는 사람마다 친근함을 드러내기에 '이것' 마니아라고 불리기도 했는데, 그가 친근함을 드러내는 방법은 바로 악수입니다.

　　그는 예능 프로그램에 출연해서 자신에게 악수는 사랑의 표현이자 삶의 일부라며 재치 있게 답변하기도 했습니다. 알고 보니 네 살 때 할아버지를 따라다니며 동네 사람들을 만날 때마다 악수하는 습관을 들여서 지금까지 이어왔다고 하더라고요.

　　그가 사람들과 친밀함을 드러내기 위해 사용한 스킨십인 악수는 실제로 상대방의 경계심까지 무너뜨릴 수 있습니다. 감각 중심의 철학을 구축한 프랑스 철학자 모리스 메를로퐁티[Maurice Merleau-Ponty]는 몸을 현상학적으로 파악했습니다. 즉 몸과 정신은 서로 얽혀 있고 정신은 몸의 일부가 된다고 했습니다.

타인과 나의 경계를
일시적으로 무너뜨리는 악수와 농담

악수는 일방적인 것이 아니기에 마지못해 한 악수라도 행위를 한 뒤 교감했다는 느낌을 받을 수 있습니다. 악수는 또한 전 세계적으로 가장 보편적인 인사이자 누구와도 빠르게 교감할 수 있는 방법입니다.

실제 정치인들이 유세하는 현장을 살펴보면 악수하는 모습을 쉽게 볼 수 있습니다. 유권자들에게 일일이 자신을 말로 표현하는 대신 '악수'라는 적극적인 인사로 강력한 유대감을 쌓고자 하는 의지이기도 합니다. 다만 악수는 윗사람이 아랫사람에게, 여성이 남성에게, 기혼자가 미혼자에게 먼저 손을 내미는 것이 예절에 맞습니다. 관계를 유연하게 만드는 행위인 악수로 분위기를 편안하게 만들어보세요.

악수만큼 어색한 자리에서 경직된 관계를 푸는 방법 중 하나가 농담입니다. 물론 '아재개그'처럼 분위기를 얼려버리는 농담도 있습니다. 몸에 맞지 않는 옷을 입은 것처럼 썰렁한 농담보다는 자기 자신을 낮추는 농담이 즐거운 상황을 만들기도 합니다. 제가 아는 강사 한 분은 자기 외모를 재미있게 낮추며 강의 분위기를 압도하기도 합니다.

미국 뉴멕시코대학 연구팀은 남녀 대학생을 대상으로 재치 있는 말, 유머의 매력을 2년에 걸쳐 연구했습니다. 연구팀은 대학생들에게 4가지 유형의 유머를 녹음한 테이프를 각각 들려줬는데, 유머가 아닌 이야기와 사람을 비하하지 않는 일반적 농담 그리고 스스로를 비하하는 농담이 포함되었다고 합니다. 이에 대학생들은 자기를 비하하는 농담을 한 사람이 가장 매력적이라고 생각했다고 합니다.

특히 성적이 좋거나 집안 환경이 좋은 사람이 자신을 낮추는 농담을 했을 때, 그렇지 않은 경우보다 더 매력적이라고 느낀 것으로 조사되었습니다. 스스로를 낮추는 농담을 하면 상대에게 배려를 받는다거나 칭찬을 들은 것과 비슷한 느낌을 준다고 합니다.

"친구가 다정하게 바라보는 거예요. 왜 보냐고 물었더니 제 얼굴 보는 게 제일 재미있다네요. 그 친구는 이제 안 봅니다. 하하."

"치킨을 사러 갔는데 순살 치킨이라는 말이 생각이 안 나는 거예요. 그래서 살 없는 치킨을 달라고 한 거 있죠? 그런데 사장님이 기가 막히게 알아듣고 뼈 없는 치킨을 주셨답니다."

농담으로 우리가 얻고자 하는 것은 '웃음'입니다. 피식거리는 얕은 웃음도 좋고, 박장대소할 수 있는 웃음도 좋습니다. 누군가의 말에 웃어줄 수 있는 사람이 웃음을 받을 권리도 있습니다.

저는 웃음이 나를 즐겁게 하는 요소라고 생각합니다. 우울할 때나 힘들 때 재미있는 개그 프로그램을 보며 웃는 것이 저만의 스트레스 해소법이거든요. 제가 먼저 크게 웃고 많이 웃으면 사람들도 함께 즐거워한다는 것도 알게 되었습니다.

"서영이 너는 주변 사람들을 환하게 만들어줘"라는 친구의 따뜻한 말 한마디가 시끄러울 정도로 잘 웃는 저를 만들었습니다. 웃는 얼굴에 화를 내는 사람을 본 적이 없습니다. 익숙하지 않은 농담을 할 때도 먼저 웃어 보이면 상대방에게 전염됩니다.

하지만 주의할 점이 있습니다. 누군가를 비하하거나 낮추는 농담은 조심해야 합니다. 농담은 모두 즐거워지려고 하는 것인데, 상대방 기분이 상하면 안 되겠죠? 특히 상대방 외모를 두고는 절대로 농담하지 마세요. 비꼬듯이 표현하는 것도 좋지 않습니다.

한 사람도 웃지 않았다면 유쾌한 농담은 아닐 겁니다. 우리 사이의 거리를 좁힐 수 있도록, 남이 아닌 나를 낮추는 농담으로 경직된 관계를 풀어보세요.

도대체 어떻게 말해야 유머 있는 사람이 될 수 있을까요? 인터넷에서 유머를 검색해서라도 배워야 할까요? 유머러스한 사람들의 말을 잘 들어보면, 언어를 과장되게 표현하는 것을 느낄 수 있습니다. 행동도 과장되게 하는 것을 볼 수 있고요.

한번 잠들면 잘 깨지 않는데 자다가 공사하는 것 같은 굉음이 들려 아침이 온 줄 알고 일어난 적이 있습니다. 창문을 열어보니 아직 어스름한 새벽이었고, 가만히 들어보니 옆방에서 나는 소리였습니다. 알고 보니 오랜만에 놀러 온 삼촌이 코고는 소리였어요. 우습기도 하고 황당하기도 했는데, 이 이야기를 수강생들에게 했습니다. "트럭 지나가는 소리에 잠에서 깼는데, 글쎄 삼촌이 코고는 소리인 거 있죠"라며 과장해서 표현했더니 모두 한바탕 웃고 즐겁게 강의를 시작할 수 있었습니다.

유머는 의도성이
담긴 표현이다

실제 있었던 일을 과장해서 표현할 수도 있지만 일부러 지어낸 유머도 좋습니다. 연예인들의 입담을 보여주는 방송 프로그램이 있습니다. 자신들의 에피소드를 풀어내며 시청자와 소통하는데, 의도적으로 만들어낸 유머를 잘 활용하려면 이런 프로그램을 많이 보는 것도 도움이 됩니다. 다양한 예능 프로그램을 살피고, 주변 사람들 이야기에 귀 기울인다면 여러분의 표현력을 높일수 있어요.

내 유머가 통하지 않을까봐 걱정하지 말고 과감하게 도전해보세요. 어설프더라도 자신감 있게 표현해야 어색한 분위기를 깰 수있습니다.

누구와도 빨리 친해지는 아이스 브레이커 대화법

1 악수로 교감의 정서를 불러일으켜 상대와의 경계를 무너뜨리자.
2 자기 자신을 낮추는 농담으로 경직된 관계를 풀자.
3 과장된 표현으로 유머를 구사하자.

엘리베이터 안에서 나눈 대화가 기억에 남는 이유

"팀장님, 수강생하고 엘리베이터에서 무슨 얘기를 하셨어요?" 후배는 제가 수강생과 엘리베이터에서 무슨 이야기를 했는지 궁금했었나 봅니다.

스피치 학원 팀장으로 근무하던 시절, 엘리베이터에서 수강생인 것 같은 여성을 만났습니다. 그저 개인적인 느낌일 뿐이었는데 혹시나 해서 "안녕하세요, 혹시 OOO스피치 오셨나요?" 하고 웃으면서 말을 건넸어요. 그렇다고 대답하기에 "아, 지금 수업하는 곳은 A교실인데요, 들어가서 왼쪽에 있습니다. 수업 즐겁게 들으세요" 하고 대화를 마쳤습니다.

알고 보니 그 수강생은 첫 수업을 들으려고 학원에 왔다고 했습니다. 처음 보는 낯선 사람들과 수업을 들어야 해서 걱정이 많았는데 저의 오지랖 같은 엘리베이터 대화 덕분에 조금은 긴장이 풀렸다고 하더라고요. 낯선 여자가 뜬금없이 생글거리며 말을 걸었으니 우습기도 했겠죠.

엘리베이터에서 말을 꺼낼지
고민에 빠지는 순간

엘리베이터가 불편한 자리가 되는 것은 공간과 관련이 있습니다. 인류학자 에드워드 홀Edward T. Hall은 사람은 누구나 '개인적 공간personal space'을 가지고 있으며 이 공간이 침범당하면 위협이나 공포를 느낄 수 있다고 밝혔습니다.

즉 친밀한 정도에 따라 적절한 거리를 유지해야 한다는 뜻이죠. 모르는 상대가 사적인 거리 안으로 접근하면 긴장하지만, 연인이나 가족과 같이 사랑하는 사람이 사적인 거리 밖으로 멀어지면 걱정하고 스트레스를 받기도 한다는 것입니다.

홀의 이론에 따르면, 낯선 사람은 개인 공간을 침범하면 안 된다는 것입니다. 즉 엘리베이터에서는 친숙한 사이가 아니라면 말을 건네지 말자는 뜻이겠죠. 그런데 한번 역으로 생각해보면 행위를 먼저 함으로써 친숙한 사이가 될 수도 있습니다.

다만 상대방의 대화 긍정 시그널을 먼저 파악하고 행동해야 합니다. 일부러 시선을 피한다거나, 지나치게 벽을 바라보고 서 있거나, 내 앞이나 뒤에 깊숙이 서 있다면 나에게 대화 부정 시그널을 보내는 거겠죠? 그렇다면 침묵으로 편안한 자리를 만드는 것이 좋습니다.

하지만 가벼운 눈인사를 받아줄 정도의 긍정 시그널을 파악했다면 대화를 시도해볼까요? 이때 너무 가까이 다가가거나 몸의 방향을 적극적으로 바꾸지 마세요. 좁은 엘리베이터 안에서 지나치게 가까이 서서 말하는 것이 불편한 상황이 될 수 있습니다. 적당한 거리를 유지하며 대화하세요.

사실 엘리베이터는 미소와 인사말만으로도 좋은 인상을 남길 수 있는 공간입니다. 상대방이 불편하게 느낄 수 있는 상황에서 밝은 표정으로 부담없고 간단한 인사를 전한다면 적대심을 풀어버릴 수 있습니다.

"안녕하세요! 몇 번 마주친 것 같아요. 저는 영업팀 OOO입니다."
"여기 사시나봐요. 반갑습니다. 저는 11층에 살아요."
"저도 7층에서 내리는데… 혹시 OOO사무실 오셨어요?"

좋은 인연은 당신의
가장 가까이에 있을 수 있다

처음 교육원을 운영하겠다고 마음먹었을 때 바로 사무실을 임차하기 부담스러워 공유사무실을 알아보았습니다. '코워킹 스페이스'라는 곳으로 여러 스타트업 기업이 밀집되어 있었죠. 사무실을 공유하며 자기 사업을 구축하는 장이었습니다.

입주한 후 그곳에 있는 사람들과 친해지고 싶었습니다. 제가 도움이 될 수도, 그들이 저에게 도움을 줄 수도 있겠다는 생각이었죠. 다섯 개 층이 모두 사무실이었기에 제가 있는 층 말고 다른 층을 슬그머니 기웃거리며 사람들을 관찰하기도 했습니다.

그러다 우연히 엘리베이터 안에서 큰 화장품 가방을 든 여성을 보았어요. 직감으로 이미지 메이킹을 교육하는 사람일 수도 있겠다고 생각했지요. 제가 교육하는 분야가 스피치이기에 서로 도움을 줄 수 있는 과목이었습니다. 제 직감이 맞지 않더라도 이 건물에서 일하는 분이니 인사를 나눠도 좋겠다고 판단했습니다. 그렇게 먼저 인사를 건네고 명함까지 주고받았죠. 제 직감은 맞았고, 지금까지도 좋은 파트너로 함께하고 있습니다.

또한 엘리베이터에서 누군가 나에게 먼저 인사를 할 수도 있죠? 저처럼 좋은 인상을 남기고 싶어하는 분일 거예요. 그런데 단답형으로 응대한다면 서로 머쓱한 상황이 되지 않을까요? 이때 '플러스원 대화법'을 권합니다. 상대방 말에 한마디 더 얹어서 화답하는 거죠.

> "안녕하세요. 몇 번 뵌 것 같아요. 반갑습니다."
> "아~ 네! 안녕하세요. 이렇게 인사해주시니 더 반갑습니다. 날씨가 참 좋죠?"

서로 아는 사이라면 간단한 인사로 대화를 시작할 수 있습니다. 그런데 상대 이름을 알고 있다면 인사에서 끝내지 말고 '플러스원 대화법'을 활용해보세요. "내가 그의 이름을 불러주었을 때, 그는 나에게로 와서 꽃이 되었다"라는 김춘수 시인의 〈꽃〉이라는 시처럼 누군가 나에게 꽃과 같은 좋은 인연이 될지 누가 알겠어요?

> "안녕하세요."
> "안녕하세요, 선미 대리님. 좋은 아침이에요!"

엘리베이터라는 좁은 공간에서 나누는 대화는 기계와 대화하는 것처럼 건조하면 안 됩니다. 4차 산업혁명시대가 되면서 기계로 대체할 수 있는 일들이 많아졌습니다. 패스트푸드점을 비롯해 음식점에서도 자판기 형태로 간단하게 주문하도록 되어 있고, 무인 형태 매장이 늘어나는 추세입니다. 사람의 따듯한 말 한마디를 들을 수 있는 공간이 점점 사라진다는 뜻이기도 할 것입니다. 그래서 더더욱 감정을 나누는 표현, 좋은 관계를 쌓아가는 대화가 중요합니다.

말 한마디로 누군가에게 좋은 기운을 줄 수 있다면, 짧은 한마디가 누군가를 미소 짓게 만들 수 있다면, 엘리베이터에서 대화를 시작해보세요. 좋은 인연은 그렇게 만들어집니다.

엘리베이터라는 공간에서 유용한 대화법

1 대화하려면 긍정 시그널을 파악하자.
2 좁은 공간인 만큼 친숙해질 수 있는 기회의 장이다.
3 미소와 인사말만으로도 좋은 인상을 남길 수 있다.

감정을 건드리지 않고 이기는 말싸움 기술

말의 기술을 배우고 싶어하는 분들의 질문 중 하나가 말싸움에서 어떻게 이길 수 있냐는 것입니다. 여기서 주의할 점은 절대 감정이 격해진 상태에서는 말을 잘할 수 없다는 것입니다.

저는 감정의 기복이 심한 편인데다 예민하고 민감해서 제 안의 감정을 아주 잘 느낍니다. 즐거움과 기쁨도 잘 표현하지만, 우울하고 화나는 감정도 잘 표출하죠. 예민하고 민감해서 주변 상황에 자극을 많이 받아 새로운 것을 창출해낼 때는 도움이 되기도 하지만, 사회생활에서는 여러 어려움이 생기기도 합니다.

이러한 마음을 다스려야 한다고 다짐한 결정적 이유는 제가 바로 '커뮤니케이션을 교육하는 사람'이기 때문이었어요. 말을 다루는 사람으로서, 평정심을 유지하고 제가 교육한 대로 행동할 수 있는 사람이 되자고 다짐했습니다.

아마 저처럼 말싸움을 하는 순간 감정을 주체하지 못하는 이들이 꽤 있을 겁니다. 그들에게 전략적으로 말싸움에서 이기는 방법을 소개합니다.

감정이 있는 상태에서
말싸움은 최대한 피하자

우선 감정이 있는 상태에서 말싸움은 최대한 피해야 합니다. 이는 되도록 내가 마음을 다스릴 수 있는 시간을 갖자는 말입니다. 차분해진 뒤 말을 하면 좋을 상황도 있겠지만, 당장 급히 논쟁할 수밖에 없는 상황이 생기기도 합니다. 물을 한 잔 마시는 짧은 시간을 내서라도 먼저 자기감정을 생각할 시간을 만들어야 합니다.

다음은 말투가 문제입니다. 공격적인 말투로는 절대 상대방과 타협점을 찾을 수 없습니다. 화가 날수록 존칭을 쓰며 차분하게 말을 이어가야 합니다. 상대방이 욕설이나 막말로 감정을 상하게 한다고 해서 똑같이 되갚아주는 것이 아니라 차분하게 또박또박 말하려고 노력해보세요. 목소리 톤을 낮추며 말하는 것도 방법이 될 수 있습니다. 감정을 싣지 않고 말할 수 있을 때 논리적 대응이 가능해집니다.

여자 친구와 말싸움을 잘하지 못한다는 남자의 고백은 대다수 연인관계에서 남자들이 느끼는 애로 사항입니다. 말을 정말 잘하는 남자 말고는 여자를 말로 이기기는 어렵습니다. 생김새가 다른 것처럼 뇌 구조에도 차이가 있기 때문입니다.

책 『처음 만나는 뇌과학 이야기』에서도 밝혔듯이, 상대적으로 남성은 두정엽과 우반구가 발달했고 여성은 전두엽이 크다고 합니다. 따라서 남성은 발달된 뇌기능과 관련해 정보처리능력과 지시적·과제중심적 사고에 능합니다.

반면 여성은 발달된 뇌기능과 관련해 의사결정 능력이 뛰어나며 해마가 남자보다 커서 단기기억력과 집중력이 더 높다고 합니다. 남자가 하나하나 따지는 여성을 이기지 못하는 이유도 여기에 있겠죠.

남성은 또한 결과와 문제해결에 초점을 맞춰 대화하는 반면, 여성은 공감과 협의, 포용을 더 중시하는 대화를 합니다. 여자 친구와 벌인 말싸움에서 이기고 싶다면, 그녀의 감정을 적극적으로 공감해주는 것부터 시작해보세요. 그리고 구체적으로 합의하기 위한 대화로 이어가는 거죠. 여자 친구의 감정만 적극적으로 헤아리고 이해해준다면 말싸움까지 진행되지 않고도 충분히 편안하게 대화할 수 있습니다.

교육원에서 진행하는 개인 컨설팅은 수업 시간이 자주 바뀝니다. 대부분 바쁘게 사회생활을 하기에 웬만하면 바뀌는 일정을 모두 맞춰주지만 수업 당일 다짜고짜 수업 일정을 바꿔달라거나 수강을 취소하면 참 난감합니다. 어떤 시간에 수업이 예약되면 당연히 다른 분들 수업을 잡을 수 없거든요.

하지만 교육원에서 손실이 크다고 해서 화내며 응대하면 안 되잖아요. 감정을 내려놓고 차분한 말투로 사회에서 통용하는 상식적 기준을 들어 합의점을 찾습니다.

> "네. OO님이 갑자기 일이 생겼으니 당연히 일정을 조율하고 싶으실 텐데⋯. 사실 OO님 수업 일정이 확정됨에 따라 이 시간대는 다른 분 수업을 잡지 못했습니다. 미리 말씀해주시면 얼마든지 변동이 가능하지만 당일 취소는 결석이 될 수밖에 없는 점, 이해 부탁합니다."

이기는 말싸움은 지는 사람에게 패배감을 느끼게 하는 것이 아니라 서로 조금씩 양보해서 좋은 타협점을 찾았다고 느낄 수 있게 하는 것입니다. 싸우지 않는 방법을 찾는 것도 좋지만, 잘 싸우는 방법도 필요합니다.

내용과 관계없이
상대방의 감정을 자극하는 말투

　말투에서 시비가 붙지 않게 하려면 딱딱하고 날카로운 느낌이 드는 명령형 말투보다는 요청을 하는 청유형 화법이 좋습니다. 마지막 종결어미를 길고 부드럽게 소리 내며 주로 청유형 화법으로 표현합니다. 말싸움 기술에서도 마찬가지입니다. 이런 말투로 논리적으로 되물으며 정곡을 짚으면 상대방은 스스로 인정할 수밖에 없습니다.

　중고등학생의 파마와 염색, 화장에 관한 인상적인 텔레비전 토론을 본 적이 있습니다. 반대 측 어른들의 주장은 결론적으로 '학생은 학생다워야 한다'는 것이었습니다.

　이에 찬성 측 학생은 학생다움이라는 것 자체가 모호하고 기준이 불분명하며, 시대가 변함에 따라 학생다움도 변할 수 있고, 구시대적인 학생다움을 강요하는 것은 현시대를 살아가는 학생들의 개성을 가볍게 여기는 것 아니냐고 반문했습니다. '학생다움'이라는 논거의 오류를 정확히 짚으면서도 상대방이 인정할 만하게 되물은 거지요.

　말싸움, 토론은 가장 생산적이고 극렬한 대화 방법입니다. 극렬한 대화는 관계를 더욱 돈독하게 만들기도 하지만 더 멀어지게 할 수도 있습니다. 격렬한 싸움도 뜨거운 애정이 있어야 가능하고, 잘 싸워냈을 때 발전된 관계로 성장합니다. 생산적인 말싸움으로 원하는 결과를 얻어내기를 바랍니다.

원하는 것을 얻는 말싸움 기술

1 감정을 담지 않은 말투가 중요하다.
2 상식적이고 합리적인 기준을 들어 합의를 이끈다.
3 상대가 스스로 인정하도록 논리적 되묻기가 필요하다.

어떤 상황에서도 낯선 사람과 잘 말하기 위해서 여러분이 가져야 할 기본 다짐이 있습니다. 첫째, 자신의 성향을 탓하지 마세요. 둘째, 다양한 상황에서 다양한 사람을 만날 기회에 자신을 노출하세요. 셋째, 이 책에서 배운 것들을 바로 활용하도록 노력하세요. 이 3가지 다짐을 실천할 때 분명 이 책이 도움이 되리라 확신합니다.

2장

불편한 사람과도
술술 대화하게
하는 말투

낯을 심하게 가리는
사람과 대화하는 법

주변에 정말 낯을 많이 가리는 친구가 있습니다. 모임에 아예 참석하지 않는 것은 물론이고, 같이한 자리에 낯선 사람이 나타나면 한마디도 하지 않습니다. 그런데 신기하게도 친한 사람인 저와 함께 있을 때면 그 친구는 배꼽이 빠져라 웃음을 줍니다.

낯가림이 예리하게 작용할 수 있다는 것을 깨닫게 해준 이도 바로 그 친구입니다. 그 친구는 예리한 낯가림 덕분에 사람을 정말 잘 파악하더라고요. 그 친구는 대화에 빠져 있는 제가 미처 보지 못한 것들, 관찰하지 못한 것들을 면밀하게 분석하는 능력이 있었습니다.

그 친구 덕분에 비즈니스에서 좋지 못한 관계를 재정립하는 계기가 되기도 했어요. 예리한 낯가림은 잘 활용하면 얼마든지 좋은 성과를 만들어내기도 합니다.

대화에서도 낯가림은 큰 문제가 되지 않을 수 있다

본인이 낯을 많이 가리는 성향이라도 무조건 솔직할 필요는 없습니다. 즉 이를 군이 표현하지 않아도 괜찮습니다. 솔직하게 말하는 것이 좋은 순간도 있지만, 낯가림을 표출함으로써 스스로 불편한 사람이 되고 그 자리가 불편해질 수 있거든요. 이러한 말이 상대방에게는 "내게 다가오지 마세요"라는 오해의 뜻으로 전달될 수 있습니다.

사람을 대면하는 자리에서 다가오지 말라고 하는 것만큼 대화를 단절시키는 것이 있을까요? 상대방에 대한 배려였던 표현이 오히려 벽을 만드는 결과가 될 수도 있습니다.

그런데 때로는 상대방이 이렇게 말하는 경우가 있습니다. 분위기를 편안하게 만들고 싶다면, 상대방이 안심할 수 있도록 얘기하세요. "괜찮습니다. 낯가림이 있을 수도 있죠. 저를 편하게 생각해주세요!" 따뜻한 신뢰감과 배려가 낯가림도 떨쳐버리게 만들 겁니다.

"OO 배우님, 이번 영화에서 경찰 역할을 맡으셨더라고요?"
"네…."

다른 사람이 된 것처럼 배역에 몰입하는 배우들이 사석에서나 인터뷰에서 낯을 가리는 모습을 봅니다. 초보 리포터라면 난감할 정도로 단답형 답변을 하죠. 배우로서 사람들 앞에서 자신을 드러내는 일을 하면서도 낯가림 성향은 어쩔 수 없나 봅니다. 이처럼 낯가림이 있어도 인기스타가 되듯 대화에서도 낯가림은 큰 문제가 되지 않아요.

저는 낯을 많이 가리는 이들을 주로 만납니다. 말로 자신을 표현하고 소통하는 것이 부족하다고 느낀다는 것은 그만큼 낯선 사람과 대화해본 경험이 적다는 뜻일 것입니다. 대부분 부끄러움이 많고 낯가림이 있는 이들이 그렇습니다. 그래서 상담하면서도 자기 이야기를 꺼내기를 힘들어합니다. 이들은 상대방이 대화를 어떻게 능숙하게 리드하느냐에 따라 대답도 달라집니다.

낯가림 신호를 잘 받아들여봅시다. 대답하기 어려운 상황인지, 나와 대화하고 싶지 않다는 표현인지 알아차려야 합니다. 대화 거부는 강한 적대감으로 보이는 반면, 낯가림 신호는 부끄러움을 동반해서 보입니다. 말끝을 흐리거나 시선을 아래로 내리며 웃음으로 대답을 회피하는 등의 반응을 보입니다. 이럴 때 답변 도우미로서 여러분의 리드가 필요합니다.

> "OO 배우님, 이번 영화에서 경찰 역할을 맡으셨더라고요?"
>
> "네…."
>
> "아, 정말 기대가 되는데요. 경찰 역할을 하는 데 어려움은 없으셨나요?"
>
> "…."
>
> "예를 들어 몸을 쓰는 장면이 많을 것 같은데 어떠셨어요?"
>
> "네. 뛰고 때리고 맞는 장면이 많아서 힘들었어요."

이렇게 답변이 나오는 순간 대화의 물꼬가 비로소 트입니다. 그 뒤 대화는 훨씬 수월하게 이어질 수 있습니다. 답변 도우미로서 상대 생각을 확장해주세요. 즉 질문자의 생각을 예시로 담아 구체화하는 거죠.

이 자리가 불편하고 어색한데 무작정 열린 답변을 하기는 어렵습니다. 상대가 단답형으로 답하거나 말을 이어가지 못한다고 해서 단절하지 말고 대화의 물꼬가 트이도록 도와주세요.

낯을 가리는 사람에게는
특별한 것이 있다

낯을 심하게 가리는 사람과 깊이 있는 대화를 했을 때 생각하지 못했던 특별함을 느낄 수 있습니다. 끈끈한 애정이 담긴 특별한 관계를 맺을 수도 있습니다. 낯을 많이 가리는 사람과 관계가 잘 형성되면 깊은 신뢰를 서로 느낄 수 있습니다.

이는 저와 돈독한 사이를 오래도록 유지하는 수강생들을 보더라도 알 수 있습니다. 성인이 되어 깊이 있는 대화를 하는 관계를 만들기는 어렵습니다. 어릴 때부터 친구였다면 모를까, 사회에서 만나 친해지기는 쉽지 않지요. 하지만 낯가림을 잘 다스리도록 도우미 역할을 한다면, 예측하지 못했던 곳에서 귀하고 즐거운 인연을 만날 수 있습니다.

부담스럽고 불편한 자리에서는 한마디도 하기 어렵습니다. 무엇보다 먼저 편안하고 익숙한 자리로 만들어야 할 것입니다. 비즈니스 상황이라면, 특히 불편한 자리에서 편안함을 줄 수 있는 사교적인 자리로 바꾸려는 노력이 필요합니다. 예를 들어 상대가 낯가림이 심한 것 같으면 가볍게 술 한잔하는 분위기에서 친해지는 것부터 시작할 수도 있죠.

사람은 누구나 성향이 다릅니다. 내성적인 성향일 수도 있고, 외향적인 성향일 수도 있죠. 어떤 성향은 좋고 어떤 성향은 나쁘다고 판단할 기준은 없습니다. 바꾸려고 하기보다 다스리려고 하면 낮가림은 문제가 되지 않습니다.

낯가림을 잘 다스리는 방법

1 예리한 낯가림은 표현하면 소심한 낯가림으로 변한다.
2 낯가림이 있는 사람에게는 답변 도우미가 되자.
3 낯가림의 불안함을 편안함으로 바꿀 사교적 자리가 필요하다.

사람마다 다른 성격,
사람마다 다른 말투

"저 사람은 왜 자꾸 저렇게 무례하게 말하지? 너무 잘난 척하는 것 같아."

"저 사람은 나한테 나쁜 감정이 있는 것 같아. 그렇지 않다면 왜 저렇게 행동하지?"

"오지랖 넓게 왜 참견하고 난리야?"

우리는 타고난 기질에 따라 행동하기도 하고, 상황에 따라 다른 모습으로 행동하기도 합니다. 회사에서 내 모습과 가정에서 내 모습이 다른 것처럼 말이죠. 누군가를 이해하지 못하면 너무나 어려운 것도, 상대방을 이해한다면 훨씬 쉬워지고 편안해지는 것이 바로 대화입니다.

사람이라는 존재를 몇 가지 유형으로 나눠 설명할 수는 없습니다. 혈액형으로 사람을 판단할 수 없는 것처럼 말이죠. 그런데 이해할 수는 있습니다. 타고난 기질을 바탕으로 자신이 처한 환경에서 어떻게 행동하고, 어떻게 말하는지 살펴보면 조금은 알 수 있습니다.

누군가를 어느 정도 알게 되면 오해가 줄어들고 다름을 인정하게 됩니다. 그리고 그 사람을 대하는 적절한 방식이 생깁니다. 그 방식이 곧 이해라고 생각합니다.

그런데 상대를 알기 전에 나를 먼저 알아야겠죠. 커뮤니케이션 스타일을 진단할 수 있는 DISC(dominance, influence, steadiness, conscientiousness) 유형을 참고해 제가 겪은 한 가지 일화를 말해보겠습니다.

당신은 네 사람 중
어떤 사람의 성향과 유사한가

강 이사는 목소리가 크고 힘이 있는 편입니다. 가끔은 명령조로 들리게끔 말하기도 합니다. 그는 무뚝뚝하지만 사람들을 잘 이끌어주는 전형적인 리더로 보입니다. 직원들에게 "그래서 하고 싶은 말이 뭐야?"라는 말을 많이 할 정도로 직설적이면서 성격이 급한 편입니다. 강 이사는 추진력이 강한 편이라 회사에 기여도가 높습니다.

분위기 메이커는 단연 이 팀장입니다. 재미있는 얘기를 하면서 자신이 더 크게 웃는 유쾌한 스타일이지만, 기분이 좋고 싫음이 눈에 보일 정도로 감정 기복이 심합니다. 직원들 사이에서 평판이 좋고, 영업 실적 또한 높습니다. 분위기를 잘 띄우고 사람들과 함께하는 술자리를 즐깁니다.

조용하지만 다정다감한 서 대리는 성실합니다. 가정적인 모습이 엿보이고, 회사에 대한 충성심도 좋습니다. 화가 나도 큰 소리를 내는 일이 거의 없고, 반복되고 단순한 업무도 잘 처리합니다. 참을성 있게 묵묵히 일해낼 수 있습니다.

회계팀 김 부장은 꼼꼼하기로 유명합니다. 한 치의 오차도 없이 일을 처리하고, 자기 일에 자부심이 있습니다. 매사에 자기 관리를 철저히 하지만, 개인적으로 친분을 드러내며 직원들을 대하지는 않습니다. 그러다 보니 냉정하고 냉소적으로 보이며, 사람들 앞에서 발표하는 시간을 두려워하고, 완벽주의를 지향하는 듯 보이기도 합니다.

자, 지금까지 얘기한 강 이사, 이 팀장, 서 대리, 김 부장까지 4명의 등장인물 중 여러분은 어떤 사람의 성향과 비슷한가요? 간단한 설명으로 판단하기는 어렵겠지만, 근접하는 인물은 찾을 수 있을 거예요.

DISC라는 행동유형모델은 1928년 심리학자 윌리엄 마스톤^{William Marston}이 소개했습니다. 인간은 누구나 나름대로 특별한 동기요인에 따라 일정한 방식으로 행동하게 되는데, 이러한 것을 우리는 행동패턴^{behavior pattern}이라고 합니다. 이 행동패턴의 유형에 따라 설명하겠습니다.

주도형, 사교형, 안정형, 신중형

위의 일화에서 유추할 수 있는 유형은 강 이사는 주도형으로 D형, 이 팀장은 사교형으로 I형, 서 대리는 안정형으로 S형, 김 부장은 신중형으로 C형이라고 볼 수 있습니다.

D형인 주도형 기질을 지닌 사람은 많지 않습니다. 제가 H대기업 직원들을 대상으로 진단해본 결과 한 명만 주도형으로 나왔는데, 현재 그는 자기 사업을 한다고 합니다. 강 이사와 같이 주도적이고 목표가 분명하다면 앞만 보고 달릴 정도로 추진력이 있

는 사람입니다. 사업체를 이끄는 사람들이 주도형에 속하는 경우가 많죠.

내가 D형(주도형) 기질이라면 리더 성향이 강하므로 관료제 조직생활이 힘들 수도 있습니다. 따라서 때로는 타인에게 상처를 주는 말이나 행동을 하지는 않았는지 생각하며, 다른 사람을 이해하려고 노력해야 합니다. 끊임없이 자기계발을 하며 한계점을 스스로 인식해야 합니다.

I형인 사교형은 '사람 중심'을 추구하며 사람들에게 인정받기를 좋아하는 유형입니다. 무슨 일이든 누구와 함께하는지가 중요하고, 자신이 좋아하는 사람과 함께하는 일이라면 어떤 일이라도 즐겁게 받아들입니다. 낙천적이고 말하기를 좋아하며, 때로는 지나치게 감정적입니다.

내가 I형(사교형) 기질이라면 시간관리에 좀더 신경써야 합니다. 기한을 넘기지 않고 일을 처리하려 노력하고, 감정에 치우치기보다 논리적·체계적으로 비즈니스에 접근하세요.

S형인 안정형은 수줍음이 많은 온화한 스타일입니다. '사람 좋다'는 말을 살아가면서 자주 듣고, 실제로 언제나 예의 바른 모습을 보여주기도 합니다. 조직 구성원 대부분이 속할 수 있는 유형이기도 합니다. I형(사교형)이 추구하는 '사람 중심' 마인드가 있지만, 누군가와 친해지려면 시간이 걸리는 유형입니다. 한 가지 일

을 변함없이 꾸준하게 할 수 있는 유형으로 변화를 두려워하기도 합니다. 갈등에 취약해서 말다툼이 생겼을 때 입을 닫아버릴 수 있습니다.

내가 S형(안정형) 기질이라면 변화를 두려워하지 말고 다양한 경험을 할 수 있도록 노력해보세요. 상대방을 지나치게 배려하느라 말이 두서가 없고 장황하지 않은지 체크해보세요.

C형인 신중형은 모든 일에 신중하고 분석적이며 정확합니다. 꼼꼼하고 예민하다지만 유순한 사람들이 많습니다. 자신과 타인에게 모두 엄격하며, 측정하고 계산하는 것으로 성취감을 얻기도 합니다.

내가 C형(신중형) 기질이라면 지나친 완벽주의를 내려놓으려고 노력해보세요. 자신의 목표 이외에 개인적 가치나 관계도 중요합니다. 살면서 그 점들을 놓치지 말고 고집스러움을 조금은 내려놓으세요.

물론 여기서 소개한 4가지 유형 중 한 가지 유형만 완벽하게 가진 사람은 없을 거예요. 여러 유형의 특징을 복합적으로 갖고 있는 내 모습을 느끼기도 할 것입니다. 단순히 특정 유형으로 판단하기보다는 나는 어떤 사람인지, 부족한 부분은 무엇인지 생각해보는 기회가 되길 바랍니다.

스타일이 각기 다른 사람들,
이렇게 대화하면 된다

"선생님! 우리 아빠가 D형(주도형) 같아요!"라고 말하는 친구들이 꽤 있습니다. 아버지에게서 지배적인 느낌을 받은 경우 유형을 가늠해볼 수 있었을 겁니다. 아마 주변을 돌아보면 D형이라고 느껴지는 이들이 있을 거예요.

D형 성향을 나쁘다고 판단할 수는 없습니다. 다만 이들의 성향에 맞춰 적절한 대화 타이밍을 찾는다면 좋은 관계를 유지할 수 있습니다. D형과 대화할 때는 핵심을 가장 먼저 말하세요.

내가 속해 있는 그룹의 대표나 팀장에게 D형 기질이 많다고 판단될 때, 본인이 해야 하는 일을 기한에 맞추기 어려운 경우를 예로 들어볼게요. 그 일을 수행하지 못한 이유로 대화를 시작하지 말고, 먼저 언제까지 그 일을 할 수 있을지 명확히 말하세요. 즉 에둘러 표현하기보다는 정확하게 핵심을 먼저 말하고 이유를 설명하는 것이 좋습니다. 또한 D형은 자기 목표 달성을 함께 지지하고 응원해주는 사람들을 좋아합니다. 무례해 보이지만 의리 있는 유형이며 비즈니스에서는 진취적인 리더 모습이기도 합니다.

저는 I형(사교형) 기질을 많이 갖고 있습니다. I형은 종종 자기이야기를 하느라 정신이 없습니다. 그럴 때는 말을 끊지 말고 계속 들어주세요. 논리적으로 설득하기보다 사적으로 친해져 감정적으로 호소하는 것이 더 잘 통합니다. 저도 마찬가지입니다. 마음이 쓰이는 사항에 대해 설득이 잘되죠. 좋지 않은 상황을 호소하며 간곡히 부탁하는 경우, 친밀한 관계라면 거의 들어줍니다. 또 인정받으면 더 잘하려는 유형이니 적극적으로 칭찬하고 마음을 얻도록 감정을 공유해보세요.

I형은 화가 날 때 "어떻게 나한테 이럴 수 있어?"라고 표현할 정도로 이성적으로 판단하기보다는 감성이 앞서는 유형입니다. 어리광을 부리는 것처럼 보일 수 있지만 누구보다 마음 씀씀이가 따뜻한 사람들입니다.

자신이 속한 기업을 위해 같은 자리에서 충성심을 갖고 묵묵히 일하는 이들이 있습니다. S형(안정형)이 그렇습니다. 변화무쌍한 일보다는 예측 가능한 일상 업무를 잘해내고, 성실하고 예의 바른 유형입니다. 이들과 대화할 때는 적극적인 배려가 필요합니다. 친해지는 데 시간이 걸리는 유형이므로 차근차근 조금씩 알아가면 좋을 것 같습니다.

S형은 비즈니스 상황에서 자기 예상과 달리 위험요소가 있는 사항에는 반감을 가질 수 있으니, 여러 번 구체적인 설명이 필요합니다. 사생활을 침해받는 것을 싫어하니 주의해야 하고요. S형은 누군가에게 "술 한잔하자!"는 말을 할 때도 상대방의 동의를 재차 확

인합니다. 상대방 의견에 귀 기울이는 배려 있는 S형은 비즈니스에서 여러분의 든든한 지원자가 될 것입니다.

사전에 준비를 많이 한 것 같은 꼼꼼한 사람과 비즈니스할 때는 늘 긴장됩니다. 예리하고 비판적인 고객을 만나면 난감하기도 합니다. 대체로 C형(신중형)이 지닌 기질입니다. 겉보기에도 무표정에 예리한 눈빛이 사람을 주눅 들게 만들기도 하는데, 오히려 감정적인 사람들보다 설득하기 쉬울 수도 있습니다. 논리적인 설명으로 충분히 이해하게 만들면 되거든요.

C형은 감정에 설득되는 사람들이 아니라서 신중한 만큼 결정하는 데 시간이 걸리는 유형입니다. 결정을 재촉하지 마세요. 부담스러우면 선택하기 어려워합니다. 침착하고 절제된 행동으로 자기관리에 능숙한 C형은 여러분의 부족한 부분을 보완해줄 성실한 파트너가 될 것입니다.

상대를 알고 나를 아는 커뮤니케이션 기술

1 커뮤니케이션의 기본은 상대방에 대한 이해다.
2 나는 어떻게 말하고 어떻게 받아들이는 사람인지 알아야 한다.
3 상대에 따라 다른 커뮤니케이션 전략을 구축해야 한다.

명절만 되면 직면하는
어른들의 말, 말, 말

"모의고사 몇 등급 나오니?": 5만 원

"살 좀 빼야 인물이 살지 않겠니?": 10만 원

"취업 준비 아직도 하고 있니?": 15만 원

"회사에서 연봉은 얼마나 받니?": 20만 원

"나이가 몇인데, 슬슬 결혼해야지?": 30만 원

"너희 애기 가질 때 되지 않았니?": 50만 원

속이 시원해지는 메뉴판이 나왔습니다. '명절 잔소리 메뉴판'이
라고 아시나요? 걱정은 돈을 내고 하라는 것이죠. 온라인 커뮤니
티에서 반응이 아주 뜨거웠습니다. 우리가 한번쯤 들었던 말이기

도 하죠. 온 가족이 오랜만에 한자리에 모이는 명절인 만큼 즐거운 대화가 오가면 좋을 텐데, 온갖 염려가 오히려 우리를 부담스럽게 만듭니다.

타인에게 하듯
가족에게도 예의가 필요하다

어린 시절 키워주신 할머니도 제 걱정을 늘 하십니다. 아직도 물가에 내놓은 아이인 것처럼 고향에 내려가면 하나부터 열까지 염려하시는데, 저를 사랑하기 때문에 하는 말씀인 줄 잘 알지만, 청개구리가 된 것처럼 듣고 싶지 않을 때가 있습니다.

이러한 마음을 '심리적 역반응psychological reactance theory'이라고 합니다. 듣는 사람이 자신의 개인적 자유가 침해된다고 느끼면 아무리 좋은 조언이나 충고라도 반대로 행동하고 싶은 욕구가 생긴다는 것인데, 어찌 보면 인간의 본성입니다.

좋은 마음으로 건넨 말이라도 상대방이 충분히 반발할 수 있다는 것을 인지하면 좋겠습니다. 하지만 여전히 염려의 말투로 질문하는 어른들에게는 부정적인 감정도 똑똑하게 표출하는 것이 필요합니다.

"취업 준비를 아직도 하고 있니?"

"네. 정말 힘드네요."

"나이가 몇인데, 슬슬 결혼해야지?"

"그렇게 물어보시니 슬프네요. 저도 하고 싶어요."

저는 언제나 똑 부러지고 당당하게 말하는 아이였습니다. 저보다 어른이더라도 잘못된 것은 짚고 넘어가야 한다고 생각했고, 잘못한 것이 없을 때는 수긍하지 않는 것이 타당하다고 판단했죠. 아마 어른들 눈에는 한마디도 지지 않고 말대꾸하는 건방진 아이로 보였을 겁니다.

그런 저를 할머니는 호되게 꾸짖는 것이 아니라 조용히 불러서 얘기하셨습니다. 어른들 말을 무조건 있는 그대로 들으라는 것이 아니라, 아무리 옳은 얘기라도 말하는 방식에 따라 다른 사람 기분을 상하게 할 수 있다는 얘기였어요.

여기서 '말하는 방식'이 참 중요한 것 같습니다. 할머니는 저에게 차분하고 따뜻한 말투로 다독이듯 말씀하셨어요. 그 말투가 어떤 이야기도 받아들일 수 있게 만들었습니다.

만약 할머니가 단호하고 엄격하면서 비난하듯이 쏘아붙이는 말투였다면 저는 받아들이기 어려웠을 거예요. 같은 말이라도 방식에 따라 달라진다는 것을 마음으로 느꼈습니다. 설령 어른들이 말하는 방식이 잘못되었다 하더라도 똑같이 응수한다면 결국 대화는 단절됩니다.

어른들의 염려하는 말투에서 느낀 감정을 진솔하게 표현해보세요. 아마 더이상 걱정하지 않고 침묵하는 순간이 오겠죠. 불편하지 않은 침묵의 순간일 거예요.

명절이 되어 고향에 내려갈 때면 기대감과 불안함이 동시에 찾아왔습니다. 할머니, 할아버지를 뵙는 설렘과 맛있는 음식을 많이 먹을 수 있다는 기대감이 있었지만 귀경길에 부모님이 싸우는 모습을 꼭 보게 되었거든요. 대부분 부모님이 비슷한 문제로 싸우지 않을까요? 아무래도 엄마에게는 시댁이 아주 편안한 자리는 아닐 테니까요.

허리 한 번 펴지 못하고 명절 음식을 한 탓에 엄마는 많이 지쳐 보였고, 아빠는 일 년에 고작 한두 번 고생하는 것쯤은 당연한 일 아니냐고 생각하는 것처럼 보였습니다. 표현을 전혀 하지 않으니 더욱 알 수 없었죠.

"음식 하느라 고생 많았지. 고마워, 여보."
"차가 많이 막혀서 운전하느라 힘들었지? 오늘 푹 쉬어요."
"할머니, 오랜 만에 뵈어 좋았어요! 자주 전화드릴게요."

중견 개그맨이 했다는 주례사가 떠오릅니다.

"남편은 항상 아내를 가족이라 생각하지 말고 평생 남이라고 생각하세요. 그래야 잘할 수 있습니다. 가족이라고 생각하면 무리한 요구, 몰상식, 몰이해 등이 빈번하게 벌어집니다. 이 사람은 내 비즈니스 파트너라고 생각하고 예의를 갖춰야 합니다. 아내도 남편이라고 모든 걸 이해하기 바라면 안 됩니다. 항상 방송국 제작진이라 생각하고 남이라고 생각해야 합니다. 그들을 대하듯 최선을 다하세요."

진솔하면서도 현실적인 조언이 아닐까 싶습니다. 가까운 사이일수록 예의를 지켜 대화해보세요.

명절마다 온 가족을 즐겁게 하는 말투

1 염려보다는 격려의 말투
2 침묵도 편안히 느끼게 하는 말투
3 가족애를 부르는 고마움을 표현하는 말투

부모님과 날씨 얘기는
이제 그만합시다!

여러분은 부모님과 대화하기가 편안한가요? 대한민국에서 가장 무서운 병이 '중2병'이라는 말이 있듯이 한창 사춘기에 접어든 아이들과 부모가 대화하기는 쉽지 않습니다. 그런데 성인이 되어도 마찬가지이거나 더 힘들어질 수 있습니다.

아빠는 다정하게 말을 잘하는 편인데, 할아버지는 무뚝뚝하고 말수가 많지 않았습니다. 명절에 할아버지와 아빠가 한자리에 있으면 서로 몹시 불편해하는 모습을 볼 수 있었죠. 서로 겨우 하는 말이 날씨나 사회적 이슈 얘기였습니다.

주 52시간 근무제 시행으로 가정 중심의 문화를 조성해보려 국가에서는 노력하지만 여전히 가족 간 대화는 어렵습니다. 통계청

조사 결과 최근 10년 동안 가족 간 대화 시간이 점점 짧아지고 있다는 발표가 나온 것이 이런 상황을 대변합니다.

세 마디가 전부인
부모님과의 대화

성인이 되어도 부모님과 편안하게 대화하고 싶다면 무엇보다 먼저 공통의 관심사를 만들어야 합니다. "어, 아니, 응" 이 세 마디만 하고 엄마에게서 걸려온 전화를 끊자 옆에 있던 친구가 무슨 대화를 그렇게 무뚝뚝하게 하냐며 핀잔을 주었습니다.

너무 가까운 사이라 전 잘 몰랐어요. 제가 그렇게 무성의하고 건조하게 부모님과 대화한다는 것을 말이죠. 대화를 잘할 수 있도록 컨설팅하는 사람이 막상 자기 가정에서는 노력을 하지 않는다는 것을 반성하는 계기가 되었습니다.

저는 부모님과 공통의 관심사를 갖기 위해 아빠와는 함께 문화생활을 하는 것으로, 엄마와는 단둘이 여행을 하는 것으로 계획을 잡았습니다. 아빠와는 한 달에 한두 번 영화를 함께 봅니다. 스펙터클한 영화를 좋아하는 아빠 취향에 맞춰 데이트를 합니다. 엄마는 여행 가는 것을 좋아하기에 되도록 1년에 한 번은 꼭 시간을 냅니다.

처음에는 아빠와 영화를 보는 것이 어색했고, 엄마와 여행을 가서는 책을 읽거나 잠을 자게 되더라고요. 딱히 할 말도 없고 친구들과 어울리는 것과 달리 피곤했습니다. 성의 없어 보일 수 있는 제 태도에도 부모님의 시선과 표정은 한결같았습니다. 참 좋아하시더라고요. 그 모습이 저를 숙연하게 만들었습니다. 이제는 어느덧 부모님과 함께하는 시간이 익숙하고 편안합니다.

"아빠, 요즘 OO 영화가 박스오피스 1위래요. 그거 볼까요?"
"엄마, 우리 이번 여행 계획 세워요!"

함께할 것들이 생기니 자연스럽게 대화도 많아졌습니다. 세 식구가 함께 밥을 먹을 때면 아빠와 영화 본 이야기, 엄마와 여행 간 이야기 등 대화할 거리가 많습니다. 그러면서 온 가족이 함께할 수 있는 것도 찾아보게 됩니다. 그렇게 관계가 편안하고 자연스러워진 부모님과 저를 보게 되었습니다.

영화나 여행이 아니더라도 공통의 관심사가 될 만한 것은 많습니다. 함께 목욕을 하는 것도, 산책을 하는 것도, 소주 한 잔 기울이는 것도 좋은 방법입니다. 가족이라는 이유로 당연히 뭐든 알아줄 것이라는 기대를 하지는 않나요? 가장 편안하고 친밀한 관계이기에 대화에서 중요한 과정을 놓치지는 않는지 살펴봐야 합니다.

커뮤니케이션은 신호의 집합입니다. 내가 듣는 사람이 되기도 하고, 말하는 사람이 되기도 하죠. 생각과 느낌을 갖고 신호를 보내며 대화를 하는데, 가족관계에서는 사고과정을 생략해버리는 경우가 생깁니다. 당연히 알아줄 것이라는 기대감 때문이죠.

"알아서 해주세요." "아무거나"는 상대방이 나를 잘 파악해서 알 것이라는 생각이 전제된 표현입니다. 이렇게 자신이 원하는 것을 제대로 말하지 않고 알아서 깨닫기를 바라는 것이 부모와 자식 사이에 대화 단절을 불러오기도 합니다. 서로 오해 없이 잘 대화하려면 내가 원하는 것을 명확히 표현하세요.

완벽한 부모가 아니라
충분히 좋은 부모가 되어야 한다

정신분석가 도널드 위니캇Donald Winnicott은 충분히 좋은 부모가 되라고 말합니다. 서로 편안하게 느끼는 부모와 자녀가 되기 위해 우리는 해결사가 아닌 응원자로 대화를 해야 합니다.

"이건 이렇게 해야 하는 거야! 말 안 들을 때부터 알아봤다. 어이구."
"제 일에 대해 뭘 안다고 그러세요. 됐어요!"

겪어온 세월의 차이, 시대적 변화가 부모님과 나 사이에 작은 장벽이 됩니다. 절대 식탁에 올리지 말라는 정치 얘기처럼 쉽사리 타협이 되지 않는 부분이죠. 부모님이 '요즘 것들'이라고 하는 젊은 세대는 논리적 근거를 들어 자기 의견을 드러내고, 세월의 흐름과 변화를 견디며 살아온 어른 세대는 경험을 반추하며 동의를 요구합니다.

옳고 그름을 판단하는 것이 너무 어리석은 일이 아닐까 생각합니다. 상대를 이해시키는 과정에서 논리만 중요하지 않듯이 헤아릴 것들이 많죠. 우리 모두 가장 따뜻해야 할 가정에서 서로에 대한 깊은 존중, 이해를 바탕으로 제대로 된 대화를 하면 좋겠습니다.

성인이 되어도 부모님과 편안하게 대화하는 법

1 공통의 관심사를 만들어라.
2 말하지 않아도 알 것이라고 생각하지 마라.
3 해결사가 아닌 응원자가 되어라.

예쁨받는 말투로
편해지는 직장생활

신입사원 채용부터 이직까지 면접 컨설팅을 하다 보면 많은 이력서를 봅니다. 이력서에 기록된 것을 바탕으로 면접관들이 질문하기 때문이죠. 이력서 한 장으로 그 사람을 판단한다는 것은 어불성설 같지만 미루어 짐작은 가능합니다.

저도 작은 기업을 운영하며 사람을 뽑는데, 오랫동안 머무르며 함께할 사람을 찾습니다. 성실하고 꾸준하게 일할 수 있는 인재를 찾는 거죠. 아무리 좋은 기업에서 근무했을지라도 자주 직장을 옮긴 이력을 긍정적인 시선으로 바라보기는 어렵습니다.

이직 사유가 인간관계 때문이라고 말하면, 면접에서 좋은 평가를 받기는 더욱 어렵습니다. 관계를 개선하고 극복하려는 의지가 없는 사람으로 여겨지거든요. 조직사회에서 관계를 잘 형성하려면 노력이 필요한데, 그 노력을 포기해버린 지원자라면 더이상 기대할 부분이 없을 것 같다는 생각이 들기 때문일 거예요.

이직을 준비하는 면접자들의 다양하고 진솔한 이야기를 들을 수 있었습니다. 자신을 괴롭힌다고 생각하는 상사와 맞붙어 싸우고 퇴사한 사연부터 성격이 소심해 사람들과 어울리지 못하거나 상사에게 미운털이 박혀 회사생활이 힘들다는 이유까지 관계의 어려움을 증명하는 사연들입니다.

수학에는 정석이 있듯이
사회생활에는 현명한 말투가 필요하다

상사와 소통을 잘하려면 우리가 상사 처지가 되어보는 것이 가장 빠릅니다. 상사가 되었을 때 가장 사랑스러운 사람은 일을 신속하게 처리하는 직원일 거예요. 신속하게 처리하면서도 적절한 중간보고도 잊지 마세요.

여러분은 상사와 어떤 대화를 하나요? 대화라기보다는 질문에 답을 하는 형식의 커뮤니케이션일 것입니다. 그렇다면 답을 잘하는 것이 기본이겠죠? 모호함을 버리고 정확하게 답하세요.

"김 대리, 지난번 OO업체와 계약은 잘 진행되고 있나?"

"네, 미팅을 두 번 진행했습니다."

"그래서 계약이 되었다는 거야? 어쨌다는 거야?"

아마 이 상황을 미루어 짐작해보면, 계약이 성사되지 않은 것 같습니다. 그래서 미팅을 진행했다고 상사에게 핑계를 대는 것으로 보입니다.

핑계를 대더라도 질문에 정확한 답은 해야 합니다. 예를 들어 이렇게 긍정적으로 대답할 수도 있겠죠.

"네, 지금 당장 계약이 성사되지는 않았지만, 두 번 미팅했고 세 번째 미팅에서는 성사되도록 진행할 예정입니다."

부하직원과 일할 때
가장 힘든 점은 '잦은 말대답'

취업 포털 커리어에서 대기업 부장급 이상 관리자에게 일할 때 가장 힘든 것이 무엇인지 리서치한 결과, 59.5%로 압도적 1위는 '부하직원의 잦은 말대답'이 차지했습니다. 부하직원의 솔직하고 상식적인 답변이 타당할 수도 있지만, 상사로서는 곱게 보이지 않는다는 것이죠.

긍정적인 표현으로 상사를 매니지먼트하는 것도 현명한 부하직원의 태도입니다. 수동적인 직원보다는 능동적인 직원을 선호하는 것은 당연합니다. 능동적인지 아닌지 판단할 수 있는 것은 무엇보다 말투에서 드러날 것입니다.

강소기업 대표와 식사할 기회가 있었습니다. 자기 일터를 잘 꾸려가는 대표들을 만날 때면 언제나 질문할 거리가 많습니다. 자리가 편안해질 무렵 "대표님은 어떤 직원이 좋은 직원이라고 생각하세요?"라고 물었습니다.

"저는 직원이 3가지 부류라고 생각합니다. 가장 함께하고 싶은 직원은 우리 회사 문제점도 알고 해결책도 어느 정도 파악하고 있는 직원이죠. 그다음이 우리 회사가 나아갈 방향은 잘 모르지만 어떤 문제점이 있는지는 아는 직원일 테고요. 그다음이 문제점도 해결책도 모르는 직원일 겁니다."

그의 대답을 듣고 보니 자신이 속해 있는 기업에 대해 얼마나 잘 알고 능동적으로 임하는지가 중요하다는 생각이 들었습니다. 이렇듯 수동적인 태도보다는 모든 것을 가능하게 만들 수 있는 능동적인 말투가 필요합니다.

"이번에 특강 인원이 어느 정도 되죠? 자리가 가득 채워지면 좋을 텐데 걱정이네요."

"네, 대표님. 지금까지는 열 명 정도 신청했습니다. 인원을 좀더 빨리 채우기 위해 ○○○홍보사이트에 올려보는 건 어떨까요?"

제가 아끼던 직원이 한 말입니다. 제 걱정거리를 덜어주는 고마운 대답이었어요. 스스로 직접 찾아보고 검색해서 홍보할 만한 사이트를 제안해준 거죠. 이런 후배라면, 이런 직원이라면 상사로서 아낄 수밖에 없겠죠? 현명한 답이 아닐지라도 고민하고 해결방안을 찾으려 애쓰는 마음을 전달했다면 충분합니다.

"도대체 뭐가 누락된 거야? ○○업체에서 난리 났어!"

"아! 김 팀장님이 처리하신 것 중 문제가 생긴 것 같은데요…."

"그래서 자네는 모른다는 거야?"

직장에서는 내 실수가 아닌데도 불똥이 튀는 일이 많을 거예요. 그리고 오히려 내가 실수한 당사자인 것처럼 비난하는 상사도 있습니다. 억울한 상황이 분명하지만 이때 무조건 책임을 회피하는 것이 답일까요? 팀원의 잘못을 자기 잘못으로 덮으라는 것이 아니라 최소한 함께 책임을 통감하는 자세가 필요하다는 말입니다.

직장에서 일어나는 불편한 상황이 스트레스로 작용합니다. 그러지 않으려 해도 나만 노력하는 것 같은 기분을 떨칠 수 없거든요. 이럴 때는 감정의 순화가 필요합니다. 일명 세로토닌 컨트롤serotonin control인데, 세로토닌은 뇌신경 접속 부분에서 분비되는 신경전달물질입니다. 스트레스에 약한 세로토닌이 줄어들면 짜증이 나거나 화가 치밀어 오르고 우울한 기분까지 들 거예요.

직장에서 받은 스트레스로 세로토닌이 줄어들었다면, 세로토닌 분비를 원활하게 해주는 햇빛을 보며 기분을 정화해보세요. 세로토닌 분비를 촉진하는 것이 우리 몫이듯 직장 상사와 관계도 우리 몫입니다.

상사와의 대화가 쉬워지는 현명한 말투

1 모호함을 버리고 질문의 정확한 답을 제시하는 말투
2 모든 것을 가능하게 만드는 말투
3 책임감을 보여주는 말투

대하기 어려운 사람일수록
함께 식사하라

　　　　　　식사만큼은 편하게 하고 싶은데 비즈니스를 식사하며 해야 한다는 것이 불편하게 느껴질 때가 있습니다. 아무래도 편하게 밥 먹기 어렵잖아요. 처음에는 같이 식사하자고 하면 약속이 있다고 핑계를 대거나 미팅 자리로 변경을 요구하기도 했습니다. 그런데 경험해보니 어려운 사람일수록 식사 자리가 필요했습니다. 식사 자리에서 친밀감이 형성되거든요.

　　요즘에는 제가 먼저 적극적으로 식사 제의를 하곤 합니다. 함께 식사하며 의견을 나누다 보면 친밀감이 형성되어 상대방 의견을 좀더 쉽게 받아들이게 된다는 이론을 심리학에서는 런천 테크닉 luncheon technique 이라고 합니다.

식사를 통해
상대방 마음을 움직일 수 있다

이 이론은 1938년 심리학자 그레고리 라즈란Gregory Razran의 실험에서 시작됩니다. 자신의 정치적 견해를 첫 번째 그룹에는 정상적인 환경에서 설명했고, 두 번째 그룹에는 식사를 하며 진술했죠. 그랬더니 식사를 하며 들은 그룹에서 더 호의적이었다는 결과가 나왔습니다.

이후 여러 심리학자가 정밀한 실험을 통해 식사 자리가 대화할 때 긍정적인 반응을 강화한다는 것을 증명하기도 했습니다. 특히 맛있는 음식은 공감 정도를 극대화할 수 있습니다. 맛있는 음식을 먹을 때면 기분이 좋아지고 편안해지죠. 이는 비즈니스에서 요구 사항이 반영될 가능성이 높아지는 것을 의미합니다.

비즈니스에서는 상호성의 법칙the law of reciprocity의 심리도 파악해볼 수 있습니다. 상대방에게 대접을 받는 경우, 보답하고 싶다고 생각할 가능성이 훨씬 커집니다. 심리학적으로 누군가에게 호의를 받았을 때, 그에 합당하게 되돌려줘야 한다는 강박을 느끼게 되기 때문입니다. 그렇기에 무언가 제공받았을 때, 무의식적으로 상대방에게 빚을 졌다고 생각하며 부탁을 쉽게 거절하기 어렵게 됩니다.

식사 자리는 지나쳐서 상대방을 부담스럽게 하면 안 되겠지만, 어느 정도 친밀함을 유지하고 싶을 때 유용하게 활용하면 좋습니다. 비싼 음식점이 아니더라도, 아늑하면서 가성비 좋은 음식점이라면 상대방도 부담을 덜 느낄 겁니다.

비즈니스를 하면서 나의 식사 습관을 반성하게 되었습니다. 가령 음식물을 입안에 가득 넣은 상태로 말한다든가 서툰 젓가락질로 음식물을 흘리며 식탁을 더럽히는 행위들이죠. 집에서 편하게 먹을 때야 그냥 넘어갈 수 있지만 사회생활에서는 예의가 아닌 행동이었습니다. 그래서 식사 예절을 다시금 정비하는 것이 필요했습니다.

비즈니스 목적으로 식사를 할 때는 대화가 많이 오가는 분위기이므로 중요한 이야기가 끊어지지 않도록 식사 전에 화장실을 다녀와야 합니다. 식사하다가 실례되는 일이 없게 말이죠. 그리고 수저는 너무 더럽게 쓰지 않도록 신경 써야 합니다. 수저 받침대가 있으면 좋겠지만, 그렇지 않다면 냅킨으로 대신합니다. 깔끔하게 보이는 것이 중요하기보다는 함께 식사하는 사람에 대한 기본 예의라고 생각하면 됩니다.

음식도 적당히 덜어서 먹는 것이 좋겠죠? 식사 속도 또한 맞춰보세요. 상대방이 천천히 음식을 즐긴다면 함께 천천히 속도를 맞추세요. 식사 속도가 조금 빠르다면 마찬가지로 맞춰주는 거죠. 아마 상대방도 맞춰준다는 것을 느낄 겁니다. 그 공감이 식사시간을 더욱 즐겁게 만들겠죠?

비즈니스에서 윤활유 역할을 하는 유쾌한 식사 자리

비즈니스를 할 때 꼭 챙겨두어야 할 예절을 장착하는 것은 기본이고, 가장 중요한 것은 나도 식사시간을 즐겨야 한다는 것입니다. 저도 처음에는 어색하고 불편해했던 식사시간을 때로는 '맛있는 음식'에 매료되어 즐기더라고요.

푼수처럼 "너무 맛있어요!"를 연발하기도 하지만, 그런 점이 상대방에게 편안함을 줄 수 있습니다. 음식에 대한 반응은 적극적으로 하세요. 이때야말로 '할리우드 액션'이 필요한 순간입니다.

"이 음식 정말 맛있는데요! 한번 드셔보세요."

"어떻게 이렇게 맛있는 곳을 아셨어요?"

"대표님 뵙는다고 해서 신경 써서 예약했는데 음식이 입에 맞을지 모르겠어요."

처음에는 음식 이야기로 시작합니다. 따뜻하게 챙겨주는 매너를 발휘하면 서로 더욱 친밀감을 느낄 수도 있죠. 그리고 음식이 아주 맛있지 않더라도 '저를 위해 음식을 대접해주셔서 감사해요.' '당신을 위해 정성스러운 마음으로 준비한 자리입니다'라고 보여주는 태도가 필요합니다. 그런데 상대방을 너무 어렵게 대하면 분위기가 오히려 불편해지기도 하니 주의해야 합니다.

음식 이야기로 식사를 즐긴 뒤 유연하게 비즈니스로 옮겨가는 대화를 진행해보세요. 다만 식사 자리라는 것을 잊지 마세요. 무거운 비즈니스 주제도 가볍게 건네는 것이 '포인트'입니다.

> "사실 여쭤보고 싶은 것이 있었어요."
> "저희도 참가하고 싶었는데, OO프로젝트 잘 진행 중인가요?"

영업직에 종사했던 대기업 임원이 기억납니다. 제게 수업을 받은 그분은 20년 가까이 다양한 사람을 대하며 현장에서 익힌 영업 기술이 많았습니다.

그는 수업 중 다양한 스피치 실습과정에서 주옥같은 영업 노하우들을 꺼내놓기도 했는데, 주로 영업할 때 자기 목표만을 위해 사람들을 대하지 않는다는 것이었습니다. 목적을 떠나 사람들과 좋은 관계를 맺기 위해 노력한다고 했습니다. 즉 같이 식사도 하고

술도 마시며 이런저런 이야기를 나누는 편한 관계가 되면 본인이
상품을 권하지 않아도 먼저 물어본다는 것이죠.

어려운 사람과도 편안해지는 맛있는 식사 자리를 잘 활용해보
세요. 이를 통해 좋은 관계로 발전하고, 비즈니스도 조금은 가까워
진다면 그것으로 충분하지 않을까요?

비즈니스 목적의 식사 자리를 이끌어가는 대화법

1 런천 테크닉으로 상대방 마음을 움직이자.
2 비즈니스할 때 식사 매너를 알아두자.
3 음식 이야기로 시작해서 유연하게 비즈니스 대화로 옮겨가자.

갈등이 있는 동료와
미운 정이 들게 만드는 말투

언제나 일어날 수 있는 갈등을 해결하려면 저맥락 대화가 필요하다고 합니다. 문화인류학자 에드워드 홀은 『문화를 넘어서』라는 책에서 이 문화에 대해 설명했습니다.

저맥락low context 문화는 상대방과 커뮤니케이션에서 직설적이고 명료합니다. 그렇기에 자기 의사를 말과 문자로 분명히 밝힙니다. 반면 고맥락high context 문화에서 커뮤니케이션은 우회적이고 모호하며, 언어에 담긴 뜻이 함축적입니다.

동양은 서양에 비해 고맥락 문화에 속합니다. 솔직하고 정확하며 직설적인 서양 사람들의 의사소통 방식이 동양 사람들에게는 무례하거나 당황스럽게 느껴질 수 있습니다.

친밀한 관계일수록
고맥락 대화가 쓰이는 이유

우리에게는 굳이 말로 다 표현하지 않아도 알 거라고 생각하는 마음이 있습니다. 하지만 갈등 대화에서는 내가 원하는 것을 명확히 말하는 것이 좋습니다. 상대방이 원하는 것을 분명하게 파악했을 때 올바른 합의를 이끌게 됩니다.

다만 여기서 감정과 문제는 별개로 확실하게 구분해야 합니다. 즉 감정이 앞서는 것이 아니라 문제의 핵심을 놓고 상대방과 대화를 시작해야 합니다.

갈등은 무조건 나쁜 영향만 줄까요? 때로는 갈등이 성장을 만듭니다. 물론 갈등을 어떻게 보는지 관점을 바꿨을 때 가능한 일이기는 합니다. 한없이 타인을 탓하며 스스로를 피폐하게 만드는 스트레스받는 행동양식을 바꿔보자는 거죠.

즉 갈등이라는 개념을 다른 각도에서 보고, 다르게 느끼는 리프레이밍reframing이 필요합니다. 갈등을 해결하는 것도 필요하지만 스스로 관리하는 데 초점을 맞춰보면 어떨까요?

'왜 나만 미워하지? 진짜 저 선배 꼴도 보기 싫다.' → '내가 과장님께 예쁨받는 것처럼 보여서 싫어하는 건가? 실력을 더 보여줘야 해.'

'이 일을 도대체 왜 내가 해야 하지? 나한테 다 떠넘기고 있어. 짜증나게.' → '이 일이 내 업무는 아니지만, 분명 나에게 도움이 되는 부분이 있을 거야. 내 발전을 위해서 열심히 해봐야지.'

강사로서 첫 직장이었던 곳에서 많이 배웠습니다. 10시에 출근해서 저녁 수업이 있는 날에는 9시까지 근무하고, 격주로 5일 근무하는 체계였어요. 강의하며 다양한 교육생을 만나 소통하는 것에 즐거움과 보람이 없었다면 견디기 힘들었을 겁니다. 최저임금도 안 되는 급여를 받으며 직장 내 갈등까지 더해지기도 했습니다.

그런데 그 기간을 보내면서 정말 많이 성장했습니다. 제가 성장한 이유 중 8할은 그때 내적인 갈등과 외적인 갈등을 잘 관리했기 때문이라고 장담할 수 있어요.

여러분도 아마 지금 있는 직장에서 힘든 순간을 많이 겪을 거라 생각해요. 하루에도 수시로 그만두고 싶은 마음이 차오를 수 있어요. 이럴 때는 주변의 극복하라는 말이 오히려 답답하게 들립니다. 스스로 관리하는 데 집중해보세요. 자기 자신을 위해서 말이죠.

직장은 하루의 절반 이상을 보내는 곳입니다. 우리에게 직장의 의미는 무척 깊습니다. 생계를 유지해주는 수단이기도 하고, 자신의 정체성을 드러내며 기량을 펼치는 장이 되기도 하죠. 그 정체성을 무너뜨리는 말투는 갈등을 조장합니다.

**"입사한 지 몇 년 차인데,
대리씩이나 되어서 이 정도밖에 못하나?"**

　내용은 칭찬하는 것인데 말투는 비아냥대는 것처럼 아무 생각 없이 내뱉는 말도 상대방에게 상처를 줄 수 있습니다. 이미 지나간 안 좋은 일을 들먹거리며 상대의 단점을 비난하지 마세요. 말의 화살은 반드시 나에게 다시 돌아옵니다.

　강사로 활동하기 전에 잠시 다닌 직장에서 친해진 선배가 있습니다. 저는 그 선배를 참 좋아했습니다. 늘 유쾌하고 자기 의견을 명확하게 말하는 당당함이 있으며, 선배다운 모습에서 존경심도 느꼈습니다.

　한 가지 아쉬운 점이 있다면 제가 좋아하는 만큼 곁을 내주지 않는 것이었어요. 항상 어느 정도 거리를 두고 사람을 대한다고 할까요? 그래서 내심 서운했습니다. 아무리 사회에서 만난 사이라도 더 친밀해지고 싶은 제 마음을 몰라주는 것 같았거든요. 그런데 신기하게도 가까운 지인 중 누구보다도 그 선배와 지금도 좋은 관계를 유지하고 있습니다.

　선배는 어느 정도 거리감이 있어야 좋은 관계를 오래 유지할 수 있다고 말한 적이 있습니다. 예전에는 이해하지 못했는데 지금은 조금은 알 것 같아요. 가까운 사이가 될수록 기대감이 커지고 뜻하지 않은 강요와 지나친 참견으로 실수를 하게 됩니다.

오스트리아의 정신과 의사이자 심리학자인 알프레드 아들러 Alfred Adler의 이론에서도 거리감은 중요하게 표현됩니다. 스스로 자기감정과 거리감을 갖고, 관계에서도 어느 정도 거리감이 필요하다는 것입니다. 이 거리감이 우리에게서 갈등을 조금은 멀어지게 해줄 겁니다.

우리 사회는 갈등을 겪는 사람을 고운 시선으로 보지 않습니다. 갈등을 일으킨 사람도 갈등 과정 속의 사람도 분명 문제가 있을 거라고 생각하죠. 하지만 그렇지 않습니다. 갈등은 언제나 예측되지 않는 상황에서 우리에게 무거운 시련을 주기도 하지만 부정적으로 바라보지 않고 적극적으로 관리하는 것이 필요한 시점입니다.

갈등을 대하는 지혜로운 태도

1 갈등을 해결하려면 저맥락 대화를 하자.
2 갈등을 일으키는 말투(비하, 트라우마)를 조심하자.
3 갈등은 극복하는 것이 아니라 관리한다는 관점을 가지자.

함부로 말하는 사람도
뜨끔하게 만드는 말투

엄마의 소셜네트워크서비스^{SNS} 대표 글은 '참을 인忍 세 번이면 호구된다'라는 문장입니다. 웃음이 나오면서 한숨도 나오는 글귀입니다. 사람 관계가 얼마나 힘들면 이런 글귀를 올렸을까요? 요즘에 어울리는 말이 아닐까 생각하니 슬프기도 합니다.

대부분 '말' 때문에 마음이 상합니다. 함부로 주먹을 휘두르는 것보다 함부로 말을 하는 것이 상대방에게는 더욱 상처라는 거죠. 물론 상대방을 크게 위협하는 몸싸움은 당연히 일어나지 않도록 해야 합니다.

'함부로'라는 말의 의미를 생각해볼까요? 사전에는 "조심하거나 깊이 생각하지 아니하고 마음 내키는 대로 마구"라고 풀이되어 있습니다. 자기 마음 내키는 대로 마구 말한다는 것은 스스로 조절하지 않고 쏟아내는 것입니다. 즉 자기조절self-regulation능력이 부족하다고 여겨지는 행동입니다. 공격적인 말투, 상대방 감정이 상하게 함부로 하는 말을 '막말'이라고 하죠.

단호하고 근거 있게 응대할 수 있다면 모를까, 마음이 여리고 이런 상황에 대응해본 경험이 없다면 어떻게 대처해야 할지 판단하기 어려울 수 있습니다. 심장이 콩닥거리며 할 말이 생각나지 않을 수도 있어요.

그럴 때는 상대방에게 정확하고 분명하게 이렇게 말하세요. 상대방이 함부로 말한 부분을 짚어주며 불쾌함을 표현하는 거예요.

"지금 공격적인 말투로 제게 말씀하는 것이 몹시 불쾌합니다."

목소리를 높이며 툭툭 던지는 듯한 공격적인 표현을 하면 듣는 사람이 충분히 기분이 상할 수 있습니다. 이때는 공격적으로 들릴 수 있는 부분을 사과하는 존중이 필요합니다. 감정이라는 것이 주관적이기에 상대방이 그렇게 느꼈다면 사과하고 다시 문제의 맥락을 짚으며 말하는 것이 순서입니다.

이렇게 대놓고 함부로 말하는 것보다 더 불쾌한 것이 있습니다.

농담이라며 가벼운 장난으로 포장해서 불편한 말을 쏟아내는 사람들입니다. 불편한 기색을 보이면 오히려 상대방을 사회성이 없는 사람으로 간주합니다. "뭘 이런 걸 가지고 기분 나빠해요?" "같이 웃자고 농담한 건데 왜 그래?" 식으로 말하며 오히려 불편하게 느낀 사람을 이상하게 만들어버립니다.

함께 즐겁게 받아들일 수 있는 것이 농담이지, 한 사람이라도 불편하게 느꼈다면 유쾌한 농담이 아닙니다. 이런 경우 상대방도 불편해지도록 똑같이 돌려주세요.

사실 '눈에는 눈, 이에는 이'라는 표현을 그다지 좋아하지 않습니다. 맞불작전으로 응하다 보면 상황을 더 부정적으로 만들어버리는 경우가 많기 때문이죠. 관계를 더 나쁘게 만들기도 하고요. 그런데 농담이라는 이름으로 함부로 말한다면 그들도 불편해지는 농담을 느껴볼 필요는 있다고 생각합니다.

"(체격이 좋아서) 밤길이 위험하지 않겠는데?"

"그런가요? (상대방을 위아래로 훑어보며) 근데 OO 씨도 밤에 그냥 돌아다녀도 되겠어요! 하하."

아주 가볍게 농담으로 받아치면 상대도 진지하게 정색하기는 어려울 거예요. 본인이 먼저 기분이 상할 수 있는 농담을 아무렇지도 않게 했기 때문입니다. 오히려 더 당당하게 농담을 토스해보세요. '저 친구가 내 농담이 기분 나빴구나' 하고 느끼게 될 겁니다. 자기가 한 농담으로 상대가 상처받았다고 인지한다면 사과를 할 수도 있어요.

자신이 한 농담에 기분 나쁠 줄 몰랐다고 미안함을 표현하는 사람과 오히려 더 좋은 관계를 유지할 수 있습니다. 자기 농담이 불편하게 들렸을 수 있다는 사실을 인정하는 동시에 상대방을 존중한다는 마음을 표현한 것이니까요. 흔쾌히 받아주고 서로 불편한 부분을 알게 된 계기로 생각하면 더 좋겠습니다.

함부로 말해도 되는 사람은
세상에 없다

말은 생각에서 출발합니다. 머릿속 생각을 정리해서 입 밖으로 표현하게 되죠. 여기에 자기조절능력이 반영됩니다. 많은 심리학자가 자기조절을 연구했습니다. 자기조절이론self-regulation theory, SRT은 의식적으로 자신의 사고, 행동 그리고 감정을 관리하는 능력입니다.

SRT 전문가로 저명한 미국 사회심리학자 로이 바움에이스터Roy

Baumeister는 자기조절능력을 키우기 위해서 자기 행동과 그 행동이 미치는 영향, 행동의 결과를 모니터링하라고 권합니다. 자기 말이 타인에게 어떤 영향을 주는지, 어떤 반응을 일으키는지 주의를 기울여야 합니다.

함부로 말하는 사람에게 대응을 안 하면 수긍하는 것이라고 생각할 수 있습니다. 그럴 때는 수긍하지 않는 단어로 대답하고, 다른 대화 주제로 화제를 돌려보세요. "아, 글쎄요. 저는 그렇게 생각하지 않는데요. 참, OO 씨. 그때 그 일 어떻게 되었어요?" 식으로 주제를 바꿈으로써 '당신 말이 불편하게 들립니다'라고 인식시켜줄 수 있겠죠.

한 고객센터의 이런 음성안내를 들어보았나요? "착하고 성실한 우리 딸이 상담해드립니다." "제가 세상에서 가장 사랑하는 우리 엄마가 상담해드릴 예정입니다" "사랑하는 제 아내가 상담드릴 예정입니다. 고객님, 잘 부탁합니다."

듣는 순간 뭔가 찡한 느낌이 들었습니다. 이러한 자동응답안내를 한다는 것은 그만큼 상담사에게 함부로 대하는 사람이 많다는 뜻일 테니까요.

이러한 음성안내의 효과는 대단했습니다. 설문조사 결과 이 고객센터 상담사의 스트레스는 무려 54.2%나 줄어들었고, "고객들로부터 존중받는 느낌이 든다"고 답한 상담사도 25%로 크게 늘었습니다. 또 연결음을 들은 후 "멘트가 참 좋네요." "수고 많으십니다" 등 친절한 말을 남긴 고객도 66%나 증가했다고 합니다.

함부로 말해도 되는 사람은 세상에 없습니다. 누군가에게 함부로 말하는 사람은 본인도 함부로 대해도 되는 사람임을 증명하는 것과 똑같다는 사실을 기억하면 좋겠습니다.

함부로 말하는 사람에게 지혜롭게 맞대응하는 법

1 불쾌한 말에는 예의 있지만 단호하게 알려줘라.
2 불편한 농담은 불편하게 돌려줘라.
3 침묵으로 수긍하기보다 노골적으로 화제를 바꿔라.

세대 간 소통이
너무 어려운 사람들

배우들이 합심해 외국에서 식당을 운영하는 예능 프로그램이 인기가 많았습니다. 출연한 중견배우가 인터뷰에서 이런 말을 했어요.

"후배 배우가 메뉴를 추가하자고 했어요. 젊은 사람들이 센스가 있으니 들어야죠. 우리는 낡았고 매너리즘에 빠졌고 편견을 가지고 있잖아요. 살아온 경험 때문에 많이 오염되었어요. 이 나이에 편견이 없다면 거짓말입니다. 그런데 어른들이 젊은이들에게 '니들이 뭘 알아?'라고 하면 안 되죠. 나는 남의 말을 잘 듣는 편이어서 내가 모르는 분야에서는 전문가, 젊은 사람들의 말을 들어요. 오픈 마인드까지는 아니고 잘 들으려고 해요. 식당 운영에서는 후배 ○○이가 센스가 있으니 그 말을 따른 거죠. 남북통일도 중요하지만 세대 간 소통이 더 시급하다고 생각해요. 지금 우리 사회는 세대 간 소통이 안 되는 게 너무 심각하잖아요?"

참으로 멋있는 어른의 말이었습니다. 요즘 어린 친구들은 어른더러 '꼰대'라고 하죠? 꼰대는 권위적으로 사고하는 어른이나 선생님을 비하하는 학생들의 은어이기도 합니다. 저 또한 어린 친구들이 보기에 점점 꼰대처럼 권위적인 사고를 하는 것은 아닌지 걱정되기도 합니다.

나이가 들수록
권위적인 생각을 하게 되는 이유

기성세대는 왜 우리 사고를 권위적이라고 하냐며 반문할 수도 있지 않을까요? 세대가 다르다는 것은 축적된 경험이 다르다는 거겠죠.

저도 부모님과 정치 관련 이야기를 할 때면 확실히 느낍니다. 부모님은 "네가 겪지 않은 것을 나는 겪었다." "세상의 지혜나 이치는 살아온 세월에서 알 수 있는 것이지 탁상공론으로 얻는 것이 아니다." "논리적으로 설명하지 못하는 것들이 있다"라며 제 생각에 한계가 있다고 하십니다.

심리학에서는 이러한 사고 유형을 직관적인intuitive 시스템이라고 합니다. 하나의 사건을 받아들일 때 연상작용을 기반으로 해서 의식적 노력 없이도 얻을 수 있는 사고인 것이죠. 경험을 기반으로 한 사고방식일수록 쉽게 고치기가 어려워요.

저도 말을 하는 일을 하다 보니 부모님 생각을 바꾸려고 노력을 많이 했습니다. 하지만 시간이 갈수록 제 말을 아예 듣지 않으려고 귀를 막는 모습을 보며 내가 고치려는 것이 잘못일 수도 있겠다는 생각을 했어요.

반면 오늘날 젊은 세대의 사고 유형은 이성적인rational 시스템을 기반으로 합니다. 직관적인 시스템보다는 느리지만 단계적인 규칙에 따라 정보를 처리하는 방식을 택하죠. 그러다 보니 상대적으로 합리적이고 잘못되었다고 생각하는 부분이 있으면 수정이 가능하고 융통성이 있습니다.

어떤 시스템이 더 맞는지를 판단하는 것은 현명하지 않습니다. 때로는 직관적인 사고가 합리적인 결과를 이끌어낼 수도 있고, 이성적인 사고로 모두의 합의가 가능하도록 결실을 맺을 수도 있죠. '둘 중 한 가지 시스템이 정답이다'라고 판단하는 순간, 우리는 합의가 불가능합니다.

한국이 고령화 사회로 변모한다는 사실을 모르는 사람은 이제

드물 것입니다. 지하철이나 버스 등의 대중교통을 이용하려면 자리에 앉을 수가 없더라고요. 주변에 워낙 노인들이 많아 자리를 양보해야 하기 때문입니다.

고령화 사회가 되면서 이슈가 되는 것이 노인들의 자살률 또한 높아진다는 점입니다. 노인들이 사회에서 점점 고립되면서 고독사하는 경우도 많습니다.

적극적으로 기성세대와
대화를 시도해야 한다

"노인 한 명이 죽는 것은 도서관 하나가 불타는 것과 같다." 이는 아프리카의 현자라고 불리는 아마두 함파테 바Amadou Hampâté Bâ가 한 말입니다. 수십 년 세월을 겪은 어르신들의 스토리가 세상 무엇보다 가치 있다고 믿는 것입니다.

가치 있는 스토리를 알기 위해 적극적으로 기성세대와 대화를 시도해야 합니다. "선생님은 인생이 뭐라고 생각하세요?" "아빠, OO사건에 대해 왜 사람들이 정부를 비난할까요?"

뜬금없는 질문도 좋습니다. 뜬금없는 질문일수록 헛웃음을 유발하며 애정을 받는 계기가 되기도 하죠. 저는 연륜이 많은 분들에게 질문하기 전 먼저 말씀드립니다. "선생님과 얘기를 나누다 보니 궁금한 것들이 생겨요. 좋은 말씀을 해주실 것 같아 여쭤보고 싶은데 괜찮을까요?"

초롱초롱한 눈빛을 발사하며 적극적으로 묻습니다. 이런 질문에 화를 내는 분을 한 번도 본 적이 없습니다. 오히려 배울 게 뭐 있냐며 머쓱해하면서도 정성을 다해 답변하셨습니다. 간혹 너무 많은 걸 물어서 꼭 청문회에 온 것 같다고 웃으며 말씀하시는 분도 있었지만 세대가 달라도 좋은 벗이 될 수 있었습니다.

바빠서 시간이 없고 글자에 집중하기가 힘들어 책을 읽기 어렵다면 나와 다른 세대를 만나 대화해보세요. 책 한 권을 읽은 것 못지않게 삶의 지혜를 얻을 수 있습니다.

노르웨이 작가 악셀 산데모세Aksel Sandemose는 『도망자, 지나온 발자취를 다시 밟다』에서 얀테의 법칙law of Jante이라는 것을 소개했습니다. 얀테의 10가지 법칙은 다음과 같습니다.

> 당신이 중요한 사람이라고 생각하지 마라.
> 당신이 다른 사람보다 착하다고 생각하지 마라.
> 당신이 다른 사람보다 똑똑하다고 생각하지 마라.
> 당신이 다른 사람보다 더 낫다고 상상하지 마라.
> 당신이 다른 사람보다 더 많이 안다고 생각하지 마라.

당신이 다른 사람보다 더 위대하다고 생각하지 마라.

당신이 무언가를 잘한다고 생각하지 마라.

다른 사람을 비웃지 마라.

누군가 당신을 좋아한다고 생각하지 마라.

당신이 남에게 무언가 가르칠 수 있다고 생각하지 마라.

누군가는 이 법칙을 부정적으로 생각할 수도 있지만, 저는 이 법칙이 매우 새롭게 다가왔습니다. 생김새부터 살아온 세월까지 너무 다른 우리가 서로 이해하는 하나의 기준이자 지표가 되면 좋지 않을까 하는 생각이 들었기 때문입니다.

세대가 달라도 통하는 대화를 하는 비결

1 직관적인 사고 유형을 존중하라.
2 서로를 알아가려는 궁금증을 표현하라.
3 얀테의 법칙을 생각하라.

지나치게 빨라도 문제,
너무 없어도 문제인 눈치

자기 생각과 감정, 행동을 인식하는 것을 심리학자들은 사적 자의식private self-consciousness이라고 합니다. 그리고 다른 사람이 자신을 어떻게 보는지를 인식하는 것을 공적 자의식public self-consciousness이라고 합니다. 이러한 공적 자의식을 유연하게 활용한다면 사회적으로 센스 있는 사람이라고 평가받을 수 있습니다.

그렇지만 공적 자의식을 지나치게 신경 쓴다면 불안을 야기할 수 있습니다. 어떤 사람들은 그 불안을 넘어 불확실하고 모호한 감정에만 의존하기도 합니다. 불확실하고 모호한 감정을 '촉'이라고 표현하죠. 사전에 인지할 수도 있지만 섣불리 판단하고 예상해 격정으로 만들 필요는 없습니다.

얼마 전 고민을 해결해주는 텔레비전 프로그램으로 사연을 보낸 분이 기억에 남았습니다. 자기 동생이 너무 못생겼다고 생각해 외출을 꺼린다는 사연이었어요. 그 동생은 사람들이 자기만 쳐다보는 것 같고, 외모를 흉보는 것 같은 느낌이 든다고 했습니다. 그래서 자신이 없고, 사람들과 어울리기가 힘들다고 했죠.

이런 경우는 눈치를 보고 판단한 것이 아니라 지나치게 주관적인 판단으로 주변을 의식해 불필요하게 걱정과 불안을 만들어버린 것이죠. 눈치도 적절하게 잘 보는 것이 필요합니다.

상대방의 비언어를 제대로 파악했을 때
센스 있는 눈치가 생긴다

중요한 계약 건으로 팀 프로젝트 발표를 진행한 적이 있습니다. 우리 팀은 총 5명으로 한 명씩 담당 프로젝트를 클라이언트 앞에서 발표해야 했습니다. 첫 번째 주자로 나선 팀원은 부담감 때문인지 긴장을 많이 했습니다. 그래도 연습한 대로 진행하는 것처럼 보였는데, 5분 정도 지난 뒤 클라이언트 표정이 급격히 안 좋아졌어요. 프로젝트에서 언급한 불편한 사항 때문이었습니다.

그 불편한 사항이 언급된 뒤, 몸을 뒤로 기대거나 팔짱을 끼는 등 좋지 않은 분위기가 연출되었습니다. 그런데 첫 번째 팀원이 긴장한 나머지 주변을 살필 여유가 없었던 것 같습니다. 클라이언트의 표정이나 안색을 제대로 살피지 못했거든요.

결국 그 프로젝트는 계약으로 이어지지 못했습니다. 안타까웠지만 우리 팀은 눈치 있게 대처하지 못한 셈이 되었습니다. 상대방 표정이 급격히 안 좋아지는 경계가 있고 상대방 태도가 달라지는 시점이 있는데, 그 부분을 잘 살펴야 합니다.

첫 번째 팀원이 발표하면서 클라이언트 표정이 좋지 않은 점을 느꼈다면, 서둘러 화제를 전환한다거나 불편하다고 느끼는 부분에 대해 안심하게 만드는 설명이 필요할 수도 있었습니다. 조금만 주의 깊게 살폈더라면 알아차릴 수 있었을지 모릅니다. 이렇게 상대방 표정과 안색을 유심히 관찰했을 때 센스를 발휘할 수 있는 눈치를 볼 수 있겠죠.

직장에서는 이런 일도 일어날 수 있습니다. 오늘 팀장님에게 일 처리 중 벌어진 실수에 대해 보고해야 한다고 가정해봅시다. 그렇다면 센스 있게 눈치를 볼 필요가 있습니다. 오늘 팀장님 표정이 어떤지, 혹시 기분이 좋지 않은 일이 있는 것은 아닌지 상황을 살펴보는 것이 좋습니다. 좋지 않은 상황에서 실수를 보고받고 평소보다 더 부정적인 피드백을 내놓을 수도 있기 때문이죠.

한 설문조사에 따르면, 가장 후배로 뽑고 싶은 신입사원의 요건에 대한 질문에 '센스 있고 눈치 빠른 태도'라는 답변이 나왔다고 합니다. 이렇게 직장에서 활력이 될 수 있는 눈치로는 항상 먼저 준비하는 태도를 갖추는 것이죠. 출근시간보다 조금 일찍 출근해서 근무할 준비를 갖추거나, 미팅이나 회의 전에는 미리미리 준비하는 태도를 보이는 것도 긍정적인 눈치라고 할 수 있습니다.

비즈니스에서 눈치는 '디테일'입니다. 세심하게 살필 수 있는 능력 말이죠. 섬세한 디테일로 긍정적 눈치가 있다면 대화가 술술 풀리고 좋은 결실을 맺을 가능성이 높지만, 눈치가 없어 답답한 경우도 많습니다. 이는 연인 사이에도 자주 일어나는 일입니다.

남성이 상대적으로 여성보다 섬세함이 부족하다 보니 파악하기 어려운 부분이 있는데, 그럴 때는 꼭 짚어서 알려줘야 합니다. 생각보다 눈치가 부족한 사람들은 말해주기 전까지 잘 모르는 경우가 많습니다. "나는 네가 회식 때 연락이 안 되는 게 신경 쓰여. 회식이 끝나면 꼭 연락했으면 좋겠어." 이렇게 구체적으로 무엇을 원하는지 말해주는 거죠.

저와 성향이 조금 다른 친한 친구가 있습니다. '뭘 그런 것까지 신경 쓸까?'라는 생각이 들 정도로 다른 사람에 대한 배려심이 많은 만큼 소심한 친구입니다. 어느 날 이 친구가 한없이 하소연을 했습니다. 자기 옆자리 직원 때문이었는데, 그 사람은 친구보다 늦게 입사했지만 나이가 한 살 많았어요. 그럼에도 눈치를 보거나 신경 쓰는 것 없이 자신이 맡아야 할 일을 슬그머니 친구에게 떠넘기기까지 한다는 것이었습니다. 그리고 주어진 임무를 빠뜨리는 일도 많아서 얘기를 해줘야 하는데 잔소리로 들릴까봐 말하기가 모호하다고 했어요.

저는 그 친구에서 미션을 주었습니다. 먼저 하나하나 짚으며 정확히 말해주라는 것이었습니다.

> "○○ 씨, 지금 A프로젝트 넘겨주셔야 합니다!"
> "○○ 씨, 오늘 당번이시죠? 청소 좀 부탁드려요."
> "○○ 씨, 아까 말씀드린 일 지금 해주셔야 합니다."

이렇게 잔소리가 아닌 구체적인 일만 전달하면 됩니다. 사적인 감정이나 짜증스러운 목소리는 배제하고 말이죠. 그래도 해결되지 않는다면 글로 도식화해서 전하는 것도 좋습니다.

> "○○ 씨가 업무에 아직 익숙하지 않은 것 같아 제가 정리해봤습니다. 저도 처음에는 헷갈렸던 부분이니 참고하면 좋겠어요. 함께 일하는 것이니 서로 도우며 했으면 합니다."

이렇게 호의도 포함해서 말해보면 어떨까요? 최대한 적극적으로 소통할 의지를 보였다면 다음은 상대방 몫입니다.

여전히 눈치 없이 행동한다면 일부러 그러는 것으로밖에 보이지 않아요. 그럴 때는 상사에게 도움을 요청하거나 다른 타협점을 찾아보는 것이 현명합니다.

강자에게 약자로서 봐야 하는 것이 눈치가 아닙니다. 배려 있는 센스의 눈치로 비즈니스와 관계를 성장시켜봅시다.

눈치와 관련된 대화 기술

1 지나치게 주관적인 판단으로 눈치를 보다가 스스로 걱정이 되게 하지 마라.
2 상대방의 비언어를 파악해서 센스 있는 사람이 되자.
3 눈치 없음을 답답해하지 말고 세세히 알려주자.

혹자는 말은 '기술'이 아니라고 합니다. 정답은 없겠지만 저는 말을 잘 다루기 위해서는 기술이 필요하다고 생각합니다. 우리의 성장에 도움이 되는 말의 기술이라면 유용하게 쓰일 수 있지 않을까요? 기술이 있으면 든든합니다. 상대방의 심리를 파악하는 것 또한 당신의 말하기에서 좋은 무기가 될 수 있을 겁니다.

3장

상대방의 심리를
파악할 때
효과적인 말투

열등 콤플렉스에 전염된
부정적인 사람과의 대화법

말하고 나면 이상하게도 기분이 상할 때가
있습니다. 특히 부정적인 상대와 말할 때 그렇습니다. 상대방 말에
영향을 받게 된 것이죠. 괜스레 찜찜하고 좋지 않은 생각이 듭니다.

매사에 부정적이고 불만이 많은 사람이 있습니다. 부정적인 생
각으로 대화를 이끄는 사람은 아예 상대하지 않는 것도 한 방법이
겠지만, 어쩔 수 없이 회사에서 매일 얼굴을 마주해야 하는 경우도
있습니다. 또 가장 친한 친구가 이런 부정적인 성향이라면 안타까
워하며 긍정적으로 바꾸고 싶어할 수도 있죠.

누군가를 내 의지대로 변화시키기는 매우 힘듭니다. 그 과정
에서 사이가 더 안 좋아지거나 자기 자신만 더 괴로울 수 있어요.

부정적이고 불만이 많은 사람이
자주 사용하는 말투가 있다

혹시 나도 모르게 평소 부정적인 말투를 사용하는 것은 아닌지 생각해보기 바랍니다. '어차피'로 시작하는 말은 책임을 전가하는 말투입니다. 어느 쪽으로 해도 좋지 않은 결과가 일어났을 거라는 것이죠. 노력해도 바뀔 수 없다는 의미를 내포합니다.

'그때 그렇게 했어야 하는데'라는 후회의 말투도 긍정적으로 볼수 없죠. 수동적이고 소극적인 말투인 '이미 늦었어'라는 표현도부정적으로 들립니다.

"어차피 노력해도 안 됐을 거야."

"그때 다른 걸 선택했어야 하는데. 정말 짜증나."

"뭘 그렇게 신경 써. 이미 늦었어."

이런 말을 들으면 어떤 기분이 드나요? 기분이 처지고 우울해지기도 합니다. 물론 누구나 부정적인 생각을 할 수 있습니다. 매사에 무조건 행복해야 하고, 좋은 생각만 해야 한다고 강요하는 것은아닙니다. SNS에서 사람들의 행복한 모습을 보면 간혹 상대적 박탈감이 들기도 합니다. 나의 현실은 그들처럼 행복하지 않다는 생각에 말이죠. 이러한 생각을 할 때면 우리에게는 심리학에서 말하는 열등 콤플렉스inferiority complex가 생깁니다. 따라서 그 부정적인 생각의 원인을 알아보는 것도 필요합니다.

프로이트의 정신분석학과는 다른 시각을 소개한 알프레드 아들러는 개개인을 삶을 인식하고 판단해 행동할 수 있는 주체라고 보았습니다. 한 개인은 현재 자기 모습, 앞으로 적응해야 할 환경을 주체적으로 인지하는 존재로서 자기 의지로 목표를 설정하고 행동하는 주인공인 거죠. 그렇기에 인간은 현재보다 나은 상태인 완전성을 갖추기 위해 노력하는 존재입니다. 이 과정에서 사회적 존재로서 다른 사람과 비교하며 자신을 평가할 수 있기에 열등감이 생길 수 있다고 아들러는 주장합니다.

부정적인 사람과는
의견을 나눌 수 있는 대화를 피하자

"이번 주 주말에 회사에서 산행을 하기로 했어요."

"진짜요? 날씨가 이렇게 추운데 가기 싫겠다. 바람도 많이 분다고 하던데요."

"네, 그럴지도 모르겠네요."

"회사에서 가는 산행이 뭐가 그렇게 재미있겠어요? 감기 걸릴지
도 모르겠네요."

"그러게요. 날씨가 좀 도와주면 좋겠는데 말이죠."

"나 같으면 가서 엄청 후회할 것 같아요. 어차피 산에서 내려올 거
뭐 하러 올라가는지…."

어떤가요? 만약 여러분이 먼저 말을 꺼낸 사람이라면 어떤 생각
이 들까요? 아마도 산행을 하기로 한 일정을 좋지 않게 생각하기
보다 이 사람과 대화하게 된 것을 후회하지 않을까요? 산행에 기
대감이 있었다면 상대와 대화하면서 실망감이 들고 걱정부터 앞
서게 되었을 것 같아요.

부정적인 사람과 대화를 아예 차단하는 것이 편할 수도 있지만,
살다 보면 나와 성향이 비슷하거나 같은 생각을 하는 사람과만 대
화할 수는 없습니다. 다행히도 부정적이고 불만이 가득한 사람과
도 잘 대응하는 방법이 있습니다.

"왜 그렇게 부정적으로 말씀하세요?" "당신과 대화하다 보니
기분만 상하네요!"라고 직설적으로 맞대응하면 관계를 더욱 악화
시키게 됩니다. 나 혼자 기분이 찜찜하고 지나갈 수 있는 상황인데
부정적으로 대응함으로써 싸움이 될 수도 있고, 두 사람 모두 기분
이 상하는 결과를 초래할 수도 있습니다. 부정적인 사람과 부딪치

지 않는 대화로 유연하게 응대해봅시다.

사실 부정적인 사람과는 의견을 나눌 수 있는 대화보다는 표면적인 대화를 하는 것이 더 좋습니다. 가벼운 날씨 이야기나 텔레비전 프로그램에 관한 유쾌한 대화를 하는 것이죠.

상대방 말에 민감하게 반응하기보다는 가볍게 넘어갈 수 있도록 응답하는 것도 충돌을 막아줍니다. "아, 괜찮아요"라고 밝게 말하거나 "뭐 좋은 방법이 있겠죠" 하며 긍정적으로 표현하는 거예요. 다음 대화의 마지막 말이 있고 없고의 차이는 매우 큽니다.

"이번 주 주말에 회사에서 산행을 하기로 했어요."

"진짜요? 날씨가 이렇게 추운데 가기 싫겠다. 바람도 많이 분다고 하던데요."

"아, 괜찮아요! 그래도 오랜만에 산행이라니 기대돼요."

"회사에서 가는 산행이 뭐가 그렇게 재미있겠어요? 감기 걸릴지도 모르겠네요."

"맞아요. 두꺼운 옷 좀 챙겨야겠어요. 가면 또 날씨가 좋을 수도 있겠죠, 뭐!"

"나 같으면 가서 엄청 후회할 것 같아요. 어차피 산에서 내려올 거 뭐 하러 올라가는지…."

"그렇죠. 후회할 수도 있지만 이왕 가는 거 즐겁게 다녀오려고요."

사실 나쁘게 말하려는 것이 아니라 본인 생각을 말하면서 부정적으로 표현된 것일 수도 있어요. 민감하게 맞대응하며 얼굴을 붉히기보다는 부드럽게 대화를 이어가면 좋지 않을까요?

함께 어울리는 동료 중 정말 유쾌하고 긍정적인 친구가 있어요. 어느 날 제가 약속시간에 30분이나 늦었어요. 카페에서 기다리게 한 것이 너무 미안해서 사과의 말을 건넸더니, 오히려 덕분에 그동안 다 읽지 못했던 책을 마저 읽을 수 있었다는 거예요. 그러면서 "너 일부러 늦은 거 아냐? 나 책 좀 읽으라고?" 하며 유쾌하게 농담을 던지는 친구가 정말 고마웠습니다.

내가 건네는 한마디 말이 상대방을 따뜻하고 편안하게 만들 수 있습니다. 또 한편으로는 내내 상대방의 마음을 답답하게 만들 수도 있다는 점을 한번쯤 생각하고 이야기하면 좋겠습니다.

부정적인 사람에게 휘둘리지 않고 대화하는 법

1 책임 전가, 후회, 수동적 말투에 주목하라.
2 부정적인 사람과 충돌하는 대화를 피하라.
3 상대를 바꾸려고 하지 말고 보여줘라.

대화를 싸움으로 만드는
너 전달법

가장 사랑했던 사람이 가장 불편한 사람으로 변하는 것을 우리는 많이 보았습니다. 우리나라 이혼율이 높다는 사실을 모르는 사람은 거의 없을 거예요. 많은 이혼전문가는 이혼 사유의 근본적 원인이 서로 대화 방식이 다르기 때문이라고 말합니다.

대화로 차분하게 풀어낼 수 있는 문제도 어느 한순간 감정이 상하는 싸움이 되기도 하죠. 대화가 싸움이 되는 순간은 다양한데, 일상생활에서 가까운 사이에서는 물론이거니와 사회생활에서 고객과 마찰을 일으키는 순간, 직장 동료 또는 상사와 불협화음이 이는 순간 등 모든 상황이 예외는 아닙니다.

우리는 끊임없이 누군가와 대화를 합니다. "앞으로 기업의 성패는 커뮤니케이션 갈등을 얼마나 줄일 수 있느냐에 달렸다"는 빌 게이츠의 말처럼 사회생활에서도 대화는 참 중요합니다.

대화는 능력이 아니라
꾸준히 노력하는 것이다

대화는 노력하는 것이기 때문에 대화 방법을 배우고 익히고 연습하면 달라질 수 있어요. 커뮤니케이션 강의를 하면서 참 많이 느낍니다. 교육할 때는 올바른 대화를 강조하지만 실상 현실에서는 제대로 하는지 의문이 들기도 합니다.

사실 대화에서 가장 조심해서 다뤄야 하는 것은 감정입니다. 그 감정을 제대로 다루려면 자기감정을 솔직하게 들여다보고 스스로 조절할 수 있어야죠. 저 또한 제 감정을 조절할 수 없을 때 대화가 원활하지 못하다고 느낍니다.

감정 문제를 다루는 심리치료로 인지행동치료cognitive-behavioral therapy가 있습니다. 자신의 인식cognition을 바꿈으로써 행동behavior을 변화시키는 데 중점을 두는 치료법이죠. 즉 감정을 다루는 방법을 알아야 합니다. 내가 지금 느끼는 감정을 제대로 파악해봐야 합니다. 여기서 중요한 점은 이 감정이 무조건 옳다고 판단하지 않는 것입니다.

타인은 이 상황에서 이런 감정을 느끼지 않을 수도 있습니다. 내가 화나는 상황이 모두 타당하다는 것은 아니라는 거죠. 내 감정을 조절하기 위해 생각을 전환하고 태도를 바꾸는 데 힘써보세요.

생각을 전환하는 첫 번째 조건은 인지하는 것입니다. 인지하는 것만으로도 대화의 방향을 잃지 않을 수 있습니다. 우리는 성숙한 사람이므로 성숙한 대화를 할 수 있어야 합니다. 성숙한 대화는 방법을 달리해야 합니다.

상대 감정을 상하게 하는 것이 대화의 목적은 아니다

"김 대리는 항상 그게 문제야."

"넌 왜 그렇게 덜렁대니?"

"너 때문에 일이 이렇게 된 거잖아."

우리는 관계에서 서로 갈등이나 불만을 표현하는 언어적 방법으로 너 전달법you-message을 사용할 때가 많습니다. 쉽게 말해 상대방을 비난하고 공격하는 대화법이라고 할 수 있습니다.

너 대화법은 상대방에게 책임을 지우도록 '너'를 주어로 합니다. 이렇게 말하는 순간, 우리에게는 방어심리가 작동합니다. 갈등상황에서 발생한 불안으로 자아를 보호하기 위해 사용하는 심리적 기제인 것이죠. 이러한 방어심리에 따라 상대방도 날카롭고 공격적으로 변할 수밖에 없겠죠.

상대방 감정을 자극하지 않고 방어심리의 감소를 부르는 나 전달법i-message을 사용해야 합니다. 나 전달법으로 달라진 사례가 있습니다. 연년생 아이들을 키우는 엄마 수강생이 있었습니다. 육아의 고충은 경험해본 사람만이 안다고 하듯이 육아는 쉽지 않은 일입니다. 대화가 원활하지 않은 아이들을 대상으로 때로는 답답하고 힘든 마음을 그대로 쏟아내는 엄마들도 많을 거예요.

마찬가지로 이 수강생은 매번 사고를 저지르는 아들 녀석 때문에 힘들다고 하소연하는 날이 많았습니다. 평소 같으면 잔뜩 물을 엎지른 아들에게 "너 때매 못 살겠다 정말!"이라고 쏟아냈겠지만, 수업에서 배운 방법으로 대화를 시도해봤다고 하더라고요.

"우리 아들이 이렇게 물을 잔뜩 엎지르니까(행동/상황) 엄마가 이걸 다 치워야겠구나."(결과)

"엄마가 일하느라 너무 힘든데 속상하다 정말."(감정/반응)

이렇게 말하는 순간, 아이가 수건을 들고 와서 함께 바닥을 닦으며 미안해했다는 거예요. 평소처럼 '너'를 주어로 아이와 대화했다면, 아이는 제대로 이해하지 못한 채 엄마가 자신을 미워한다고 생각했을 수도 있을 겁니다. 그런데 문제의 행동과 그 결과 그리고 내 감정을 풀어내니 아이가 자기 잘못을 깨닫고 엄마 마음을 이해하게 된 거죠.

나 전달법의 경우 친밀감을 형성하는 관계에서 성숙하게 대화하기 위해 적절히 사용하면 좋습니다. 그리고 내 감정을 진솔하게 말한 뒤에는 상대방 의견도 귀 기울여 들어주세요. 우리 의견을 명확하게 전달했으니, 감정을 잠시 내려놓고 상대방 의견을 듣는 것이 필요합니다.

상대방을 비난하지 않고 성숙하게 대화하는 법

1 공격적으로 비난하는 '너' 대신 문제의 행동과 상황을 짚어주자.
2 그에 따른 결과를 정확하게 언급하자.
3 그리고 내 감정을 진솔하게 말해보자.

상대방은 배려하되
야무지게 말하자

A라는 친구는 매우 똑똑하고 영리해서 자신에게 이득이 되는 사람과 인연을 맺고 싶어합니다. 그리고 자신이 누군가에게 베푸는 것 이상으로 돌려받고 싶어해서 손해 보는 일이 거의 없죠.

B라는 친구는 신세지는 것을 싫어하고 성격이 정확합니다. 더도 말고 덜도 말고 자신이 준 만큼 돌려받고 싶어하며, 다른 사람들에게 피해를 주지도 않고 피해를 받는 것도 질색하죠.

C라는 친구는 주는 것에 더 너그럽습니다. 주변 사람들을 먼저 생각하고 누군가를 진심으로 돕는 것에 기쁨을 느끼기도 합니다.

여러분은 A, B, C 중에서 어느 유형과 유사한 성향을 가지고 있나요?

하버드대학 심리학과를 수석으로 졸업하고, 서른한 살이라는 젊은 나이에 와튼스쿨 최연소 종신교수로 임명된 애덤 그랜트^{Adam Grant}는 책 『기브앤테이크: 혁명적인 성공 비결』에서 3가지 유형을 다음과 같이 설명했습니다.

A와 같이 내 것을 스스로 잘 챙기는 조심스럽고 방어적인 사람을 테이커^{taker}라고 부르고, B와 같이 손해와 이익이 균형을 이루도록 애쓰는 유형을 매처^{matcher}라고 칭합니다. 이타적으로 상호관계에서 무게의 추를 상대방 쪽에 주기를 좋아하는 C를 기버^{giver}라고 합니다. 애덤 그랜트는 이러한 3가지 유형의 차이를 이해하는 것이 필요하다고 말합니다.

여러 실험과 조사로 이 중 성공의 사다리 꼭대기에 가장 먼저 오르는 것은 테이커나 매처가 아닌 기버라는 것을 발견합니다. 결국 우리가 현실에서 '호구'라고 칭할 수 있는 사람들이 비즈니스에서 성공에 빠르게 이른다는 것을 증명하기도 합니다. 물론 기버로서 에너지를 어떻게 쓰느냐에 따라 다르겠지만 말이죠.

누군가 당신을 마구 배려한다고 해서 쉽게 얕보지 마세요. 당신보다 훨씬 빠르게 성장하는 사람일 수도 있습니다.

"꼬치꼬치 캐묻는 사람이
너무 불편해요"

30대 초반인 미애 씨는 선한 인상에 상대방을 배려할 줄 아는 사람입니다. 이런 미애 씨가 직속 선배를 어느 순간부터 불편하다고 말합니다. 사실 미애 씨의 회사생활에 많은 도움을 준 이도 직속 선배였어요.

그런데 그 선배는 친한 사이에는 속내를 드러내야 한다며 말하고 싶지 않은 개인사를 캐물었습니다. 그리고 미애 씨가 착하고 배려심이 많다는 이유로 어려운 부탁도 종종 했습니다.

처음에는 서로 돕는 것이 좋겠다고 여겨서 모두 들어주었지만, 미애 씨 스스로 힘들어지기 시작하면서 직속 선배는 고맙지만 불편한 존재가 되어버렸다고 했습니다. 너무나 집요하게 꼬치꼬치 물어보니 피할 수 없다고 하더라고요.

아무리 고마운 존재라도 온전히 맞춰줘야 할 의무는 없습니다. 상대방 호의에는 자발적으로 감사함을 표현해야 하는 것이지, 강압적인 요구로 호의에 응답하는 것은 진정한 호의가 아닙니다.

미애 씨 상황처럼 대답하기 싫은 질문에는 가볍게 웃으며 넘기는 것이 필요합니다. 여기서 중요한 것은 '웃으며' 응대하는 것입니다. '나는 당신 질문에 답하기 싫어요'라는 의미를 내포하며 말하는 형식이지만, 표현은 부드럽고 불편하지 않게 하는 거죠. 계속 유지되어야 할 관계라면 이 정도 표현이 적당하다고 봅니다.

"글쎄요. 제가 미처 생각을 못해봤네요."

"하하, 그 부분은 잘 모르겠어요."

"하하, 그렇게 진지하게 물어보시면 제가 좀 부담스러워요."

야무진 말투만큼이나
중요한 시선과 자세

범인이 범죄 대상을 물색할 때 힘이 없고 축 쳐진 채 걷는 사람을 타깃으로 잡는 경우가 많다고 합니다. 하버드대학 사회심리학 교수 에이미 커디Amy Cuddy는 '당신의 신체 언어가 자신의 모습을 결정한다'라는 제목의 테드TED 강연에서 이를 입증했습니다.

실험 참가자들을 둘로 나눠 A그룹은 두 팔을 뻗고 다리를 벌려 힘 있는 자세로 서 있게 했고, B그룹은 주머니에 손을 넣거나 몸을 웅크리는 등 소극적인 자세를 2분 동안 취하게 했습니다. 이후 타액을 채취해 실험 전후로 비교·분석한 결과 두 그룹의 호르몬 수치에 큰 변화가 있었습니다.

A그룹은 자신감을 불러일으키는 테스토스테론 수치가 20% 증가했고, 스트레스 호르몬인 코르티솔은 25% 감소했습니다. 반대로 B그룹은 테스토스테론은 10% 떨어지고, 코르티솔은 15% 높아진 거죠. 이러한 실험결과를 통해 당당하고 자신감 있는 자세가 주는 힘을 느낄 수 있습니다. 상대방이 나를 얕보지 않게 하려면 어깨를 쫙 펴고 허리를 반듯하게 편 자세로 시선은 상대방에게 주어야 합니다.

나의 가치를 드러내고 당당하게 보이려면 무조건 솔직한 말투가 좋은 것은 아닙니다. 어렸을 때나 배움의 자리에서는 잘 모르는 것이 있다면 질문하는 것이 옳아요. 그렇지만 비즈니스 현장에서 아마추어가 아닌 프로라면 잘 모르는 것을 들키지 않고 알아가는 것도 능력입니다.

저도 모든 것을 다 아는 것은 절대 아닙니다. 전문가들과 함께 대화하다 보면 처음 듣는 이야기나 잘 모르는 상식에 대해 의견을 말해야 할 때가 있습니다. 그런데 이때 "그게 뭐예요?"라고 묻는다면 제대로 답을 들을 수는 있겠지만 아직 식견이 얕다는 평가를 받게 되지 않을까요?

"들어본 적은 있는데 정확하게 알아보진 못했어요. 어떤 건가요?"
"혹시 그게 OO의 의미가 맞나요?"

잘 모른다고 해서 대답도 하지 않고 부정적인 태도를 취하는 것보다 상대방 의견이 어떤지 되묻는 것도 괜찮은 방법입니다. 굳이 몰라도 되는 부분이라면 질문하고 답을 알아가도 좋지만, 알아야 하는 상식적인 부분에서 정확하게 모른다면 확인하는 의미로 묻는다든지, 인지는 했으나 정확히는 알지 못한다고 표현하는 것이 낫습니다.

만만하게 보이는 사람이 되면 안 됩니다. 상대방은 배려하되 야무지고 당당해보이는 사회인의 모습은 말투와 태도에서 드러납니다.

상대방은 배려하되 쉽게 보이지 않는 야무진 말투

1 대답하기 싫은 캐묻는 질문에는 가볍게 웃으며 넘겨라.
2 당당하고 자신 있는 시선과 자세도 중요하다.
3 무조건 솔직한 말투가 현명한 것은 아니다.

군중심리에 휘둘리지 않으며
비판을 수용하는 말투

비판과 비난을 구분해야 합니다. 감정이 상할 수 있는 평가는 비난으로 들릴 수 있습니다. 예를 들어 보겠습니다. 회사에서 "왜 이렇게 못하니?"라고 한다면 상대방은 이를 비판이라기보다 감정을 건드리는 비난으로 받아들일 거예요.

그런데 "이 콘셉트는 트렌드에 맞지 않는 OO이 별로인데? 그래서 좀 촌스러운 느낌이 든다"라고 말한다면 부정적인 느낌이 있긴 하지만 비판으로 들립니다. 이렇게 상대가 감정이 상할 수 있는 비난은 적절한 지적이나 평가라고 할 수 없습니다.

상대방에 대한
좋지 않은 이야기는 흥미롭다

좋지 못한 스피치의 예로 '타인에 대한 험담이나 소문'이라는 항목이 있습니다. 우리는 상대방에 대한 좋지 않은 이야기에 흥미를 느낍니다. 특히 여러 명이 함께 만들어내는 경우 더욱 힘을 발휘하죠. 군중심리herd mentality의 부정적인 작용입니다. 다수를 따르는 것이 득이 된다는 불확실한 믿음에 근거해 제대로 판단하지 않고 많은 사람이 선택했다는 이유로 다수 행동을 따르는 것을 뜻하죠.

군중심리는 사회적으로 여러 측면에서 볼 수 있습니다. 여러 사람이 험담하는 말에 현혹되어 한 사람을 나쁘게 판단하고 동조해버리거나 인터넷상에 떠도는 말을 그대로 믿어버리고 사실인 것처럼 말하는 것도 마찬가지죠.

군중심리에 휘둘리지 않고 합리적인 사고로 판단할 수 있어야 합니다. 군중심리로 얻는 사고로 누군가를 함부로 비난해서도 안 됩니다. 감정비난이 아닌 의견비판이라면 적절히 대응할 때 스스로 발전할 수 있습니다.

비난을 사전에서 찾아보면 '현상이나 사물의 옳고 그름을 판단하여 밝히거나 잘못된 점을 지적함'이라고 되어 있습니다. 그런데 이 사전적 뜻이 오히려 부정적인 생각을 불러일으킨다고 봅니다. '옳고 그름' '잘못된 점' '지적'이라는 말 때문이죠.

한 차원 높게 철학적으로 비판이라는 단어는 '사물을 분석하여 각각의 의미와 가치를 인정하고, 전체 의미와의 관계를 분명히 하며, 그 존재의 논리적 기초를 밝히는 일'이라고 정의합니다. 여기서 중요한 것은 '인정' '분명히' '논리적 기초' '밝히는 일'이라는 표현으로 비판을 이해하는 것입니다.

우리는 비판에 익숙하지 않지만, 비판은 우리를 성장시킨다는 사실을 잊지 말아야 합니다. 제가 강의를 진행하며 꼭 하는 것이 있습니다. 익명으로 작성하는 평가서(피드백)를 수강생들에게 받도록 하는 것입니다. 솔직하고 객관적인 비판이야말로 무엇이 부족한지 알 수 있고 발전하게 만드는 원동력이 됩니다.

물론 감정비판에는 상처받지 않도록 마음을 다스리는 것도 필요하겠죠. 수업 피드백을 수강생에게서 받음으로써 그들이 정말 듣고 싶어하는 수업이 무엇인지, 강사로서 부족한 부분이 무엇인지 알 수 있습니다. 자신의 비즈니스를 언제나 완벽히 만족하는 것보다 부족한 점을 찾아 비판받으려는 것이 훨씬 건설적인 태도라고 봅니다. 그러다 보니 이제는 감정비난과 비판의견을 정확히 구분하고, 좋은 방향으로 쓸 수 있도록 스스로 시스템화하더라고요. 비판이 긍정적으로 가져다주는 효과를 느끼려면 비판을 두려워하지 마세요.

받아들이면 받아들일수록
내성이 생기는 비판

"넌 방 청소를 왜 그렇게 안 하니? 방이 저게 뭐니?"

"아니, 내가 바빠서 그런 거야. 나중에 하려고 했는데 왜 그래!"

부모님은 더러운 방이 위생상, 미관상 좋지 않다고 얘기하지만 자녀는 수용하기보다는 변명으로 일관합니다. 그런데 인정하는 부분이 있다면 수용하는 말투로 대화를 이어가야겠죠. "아, 제가 봐도 더럽네요. 엄마 바로 치울게요." 바로 치우지 못하는 상황이라면 왜 지금 처리하지 못하는지 밝히면 됩니다.

변명이 오히려 대화를 원활하게 하지 못하는 원인이 됩니다. 전혀 불편하지 않을 상황을 우리가 불편하게 만드는 셈이죠.

비판을 받아들일 때는 구체적인 부분을 확인해야 합니다. 제대로 수용하기 위해서 말이죠.

"보고서가 OO 부분이 허술하네요."

"아, 네. OO 부분에서 어떤 부분이 허술한지 여쭤봐도 될까요?"

"그렇게 말씀하시니 제가 부족하게 작성한 것 같습니다. 말씀해주신 사항을 반영해 수정하겠습니다."

이렇게 상대방이 비판하는 내용을 자세히 파악해야만 받아들여야 할지, 반론해야 할지 판단할 수 있겠죠.

저는 방송을 준비하고 진행하며 정말 많은 비판을 받았습니다. 외모 평가부터 목소리, 화법 등 원치 않아도 무차별적으로 누군가의 비판을 들어야 했죠. 그러다 보니 자존감이 많이 떨어지더라고요. 그때 제 대응법은 귀를 닫는 것이었습니다. 보지 않고, 듣지 않고, 무시해버리는 것이었어요.

비판의 말을 들을 때마다 제가 상처받는 만큼 똑같이 갚아주기 위해 더 공격적으로 행동하고 말했습니다. 더이상 현명한 방법은 없다고 생각했습니다. 그런데 힘들었던 시기가 지나고 지금은 주변 사람들에게서 "비판을 잘 받아들이는 것이 장점이다"라는 이야기를 듣곤 합니다.

받아들이는 자세가 어떻게 달라질 수 있었을까요? 생각해보면 특별한 이유는 없습니다. 그저 저 자신을 위해 받아들였습니다. 오롯이 저를 위해서요. 저는 욕심이 많았거든요. 더 발전하고 싶고 잘해내고 싶었어요. 그러기 위해서 받아들여야 한다고 저 자신을 설득했습니다.

시간이 지나 이 과정을 반복하면서 이제는 비난과 비판을 구별하고 긍정적으로 소화해내는 방법을 터득하게 되었습니다. 자신을 귀하게 생각하고 스스로를 아낀다면 비판의 말을 좀더 똑똑하게 받아들일 수 있어야 합니다.

누군가에게 도움이 되는 비판을 하고 싶다면 표현을 적절하게 해야 합니다. 당신의 말이 상대방 심장을 찌르는 화살이 될 수도 있습니다. 피가 철철 흐르게 말이죠.

크고 작은 비판과 평가를 피하거나 듣지 않아도 좋습니다. 그런데 한번쯤은 제대로 받아들여보세요. 스스로 성장하고 싶은 욕심이 있다면 말입니다.

비난이 아닌 비판으로 제대로 말하고 듣는 방법

1 감정비난이 아닌 비판의견은 수용하자.
2 비판에 대해 분노하거나 변명하지 말자.
3 비판에서 구체적인 내용을 확인하자.

방어기제를 고려한
싫은 소리 전달법

"저는 불만이 있어도 참는 편이에요"라고 말하는 사람이 있습니다. 관계가 깨질 것이 염려되기도 하고, 나만 참으면 모든 것이 편해질 것이라 생각할 수도 있습니다.

그런데 분명한 사실은 참는 데도 한계가 있다는 거예요. 불만이 쌓이면 분노로 변합니다. 무의식중 불만이 있는 상대에게 짜증을 낼 수도 있고, 대화를 하기 싫은 상황까지 갈 수도 있죠.

불만을 참아서 해결되는 경우는 드뭅니다. 무엇이든 쌓이면 해결하기 더 어려운 문제로 커지기도 하죠. 최대한 싫은 소리를 현명하고 지혜롭게 표현해서 해결할 수 있도록 만드는 것이 필요합니다. 그러려면 상대방의 방어기제를 파악해야 합니다.

갈등에서 비롯한 불안으로부터
자신을 보호하는 방법, 방어기제

누구나 불만, 불평과 같은 싫은 소리를 들었을 때 정도 차이는 있겠지만 스트레스를 받을 수밖에 없죠. 심리학에서 말하는 방어기제defense mechanism는 스트레스를 받거나 불안하다는 위협적인 감정이 들면 무의식적으로 자신을 보호하기 위해 사용하는 것입니다. 한마디로 방어기제를 작동해 스트레스를 무의식적으로 풀어내려고 하죠. 사람마다 방어기제의 형식이 다르고, 정신분석학자들도 방어기제의 종류에 대해서는 견해 차이가 있습니다.

대표적인 방어기제의 종류를 살펴보면, 스트레스를 외면해버리는 부정denial이 있습니다. 너무 고통스럽기 때문에 인정하지 않으려는 것이죠. 아닐 거라고 외면하면서 미뤄버리는 태도를 보이기도 합니다.

스트레스에 대응해 죄책감이나 자책감을 느끼지 않기 위해 합리화rationalization하는 방어기제를 사용하기도 합니다. 그럴듯한 이유를 찾아내 스스로 상처받는 일을 방지하는 것이죠. 다만 무의식적인 작용이라는 점에서 거짓말이나 변명과 같은 의식적인 행동과는 다릅니다.

대표적인 사례로 이솝우화 하나를 들 수 있습니다. 포도나무에

탐스럽게 열린 포도송이를 보고 침을 흘리던 여우가 포도를 따먹기 위해 여러 차례 시도했으나 따지 못했습니다. 그러자 여우는 포도를 혐오스럽게 쳐다보며 맛이 좋지도 않은 신포도를 위해 왜 녹초가 되어야 하냐며 냉소적인 태도로 그 자리를 떠납니다.

또한 미성숙한 방어기제에는 행동화acting out가 있습니다. 그 자리에서 폭력을 쓰거나 행동으로 자기 화를 표현하는 방식이죠. 이밖에 억압, 투사, 전위, 퇴행, 반동 형성, 승화 등 다양한 종류의 방어기제가 있습니다.

상대방의 방어기제를 예상할 수 있다면 상황을 좀더 유연하게 한 뒤 싫은 소리를 할 수 있겠죠. 그리고 방어기제를 약화하는 방법으로 불만이나 불평을 말하는 기회를 만드는 것이 좋습니다. 그렇다면 무의식적인 방어기제를 완화하는 환경으로 어떤 상황이 있을까요?

저는 간단한 술자리를 마련하는 것이라고 생각합니다. 술자리는 서로 마음을 누그러뜨리는 소통의 장이 될 수 있습니다. "맥주 한 잔 할까?"라는 말이 결국 대화하고 싶다는 표현이기도 할 테니까요. 그렇다면 서로 속을 터놓고 말할 수 있는 자리를 만들면 상대방이 불편하게 느낄 만한 싫은 소리도 편안하게 할 수 있겠죠. 다만 너무 과한 술자리는 오히려 분위기를 격앙되게 만들어 원활한 대화를 하지 못할 수도 있으니 조심해야 합니다.

불만이나 불평은 즉시 말해야 합니다. 사소한 일이니 기억해 두었다가 한꺼번에 말하는 것은 좋지 않습니다. 과거를 들춰내며 불만을 표현했다가는 오히려 상대방 감정만 상하게 만들거든요.

"지난번에도 그러던데 이런 건 고쳐줄 수 없나요?"

"제가 그동안 쭉 참아왔는데요."

이렇게 말하는 순간 상대방은 '이 사람이 나에게 불만을 품어왔구나'라고 생각하며 배신감을 느낍니다. 쌓아두어 묵은 감정이 되는 순간 쉽게 풀기가 어렵거든요. 따라서 불만이나 싫은 소리는 바로바로 대화로 풀어나가는 것이 좋습니다.

친구가 공개적으로 망신을 당했다며 한풀이를 한 적이 있습니다. 회사에서 상사가 다른 직원들이 모두 있는 자리에서 자기 실수를 언급하며 비아냥거렸다는 것이었습니다. 분노하며 수치스러움을 감추지 못하던 친구 모습이 아직도 생생합니다.

평소에 감정을 그렇게까지 폭발시키는 친구가 아닌데도 몹시 화가 난 듯했습니다. 나중에는 그 상사를 감정적으로 미워하더라고요. 사실 따로 불러서 불만을 얘기해도 충분하지 않았을까 하는 아쉬움이 남았습니다. 매일 얼굴을 보는 사이인데 서로 얼마나 불편하겠어요.

싫은 소리는 당사자와 풀어주세요. 차 한 잔 하자고 권하거나 따로 얘기 좀 하자며 얼마든지 시간을 낼 수 있겠죠. 또 한 번에 하나씩 불만을 표현하세요. 흔히 우리가 잔소리로 여겨지는 말은 어떤가요? 한번 시작하면 꼬리에 꼬리를 물고 수없이 쏟아집니다. 이렇게 불만이 잔소리로 둔갑하는 순간, 진짜 불만의 맥락을 놓치게 됩니다. 그리고 마냥 듣기 싫은 소리로 간주되게 되죠.

정말로 말해야 하는 불만은 직접적으로 표현하되 한 가지로 정확하게 말하세요. 싫은 소리를 할 때는 만족스러운 점을 먼저 언급해보세요. 분명하면서도 훨씬 부드럽게 들릴 것입니다.

"김 대리가 항상 일 처리를 빠르게 해줘서 얼마나 고마운지 모르겠어요. 그런데 사실 OO 부분에 살짝 문제가 있어요."

"OO 씨는 우리 팀에서 제일 꼼꼼하고 세심한 것 같아요. 그런데 아침 회의에 자주 지각하니 중요한 내용을 놓칠까봐 걱정되네요."

상대방 기분을 존중하려고 분위기를 살피는 배려 있는 말투로 대화를 시작해보면 어떨까요? "선배님, 제가 잠시 드릴 말씀이 있는데 지금 시간 괜찮으신가요?" "OO 씨, 함께 상의할 일이 있는데 혹시 저녁시간 언제가 좋아요?" 안 그래도 불편한 말을 전해야 하는데 상황이나 분위기를 파악하지 못한다면 그 자리는 더 힘들어질 수밖에 없겠죠.

사회생활을 하다 보면 서로 맞춰가야 하는 상황이 많이 생깁니다. 그러기 위해 서로를 위한 싫은 소리를 해야 하는 순간도 분명 있고요. 사회 초년생 때 주변에서 많이 들은 말이 있습니다. "야, 너는 그 얘기를 꼭 지금 했어야 하니?" 분위기를 제대로 파악하지 못한 때였죠. 그래서인지 의도하지 않게 좋지 않은 방향으로 흘러갈 때가 많았습니다.

싫은 소리도 지혜롭게 잘할 수 있습니다. 그럴 때 좋은 관계를 오래도록 유지할 수 있습니다.

누구도 상처 주지 않고 싫은 소리 잘하는 방법

1 상대방의 방어기제를 파악하라.
2 방어기제를 약화할 수 있는 술자리를 활용하라.
3 한 번에 하나씩 선 만족 후 불만을 기억하라.

거절하는 것이 너무 어렵다면
고립공포증을 의심하자

        친한 지인이 제게 강의를 부탁했는데 그가 제안한 대로 강의하기가 힘든 상황이었습니다. 그가 어렵게 부탁한 것을 알기에 최대한 좋게 거절하고 싶었어요. 그래서 직설적으로 표현하지 않고 여러 이유를 대면서 생각해보겠다는 답변을 주었습니다.

    저는 그 말을 거절하는 의미로 했는데, 상대방은 긍정적으로 판단했나 봅니다. 그렇게 말한 뒤 일이 바빠서 잊고 있었는데, 그가 며칠 후 다시 연락해서 생각해봤냐고 물었어요.

    순간 '아차' 싶었어요. 그때서야 거절의 의미를 분명하게 전달하자 지인은 화가 난 듯했습니다. 처음부터 제대로 말해줬다면 다른 강사를 찾았을 텐데 이제 와서 거절하느냐는 것이었어요. 이후 그와의 좋았던 관계가 불편하고 껄끄럽게 되었습니다.

모호한 답변과 오랜 시간 고민으로 거절한다는 뜻을 제대로 전달하지 못하면 좋지 않은 결과가 나옵니다. 긍정적으로 말하다가 바꾼다거나 상대방에게 여지를 주는 거절도 좋지 않습니다. 거절은 정확하게 표현해야 합니다. 그런데 이것이 관계를 불편하게 만들까봐 우려하는 이들이 많습니다.

'상대방이 나를 싫어하지 않을까?'

'상대방이 나를 싫어하지 않을까' 하는 생각과 염려보다 중요한 것은 거절을 통해 내가 힘들어지면 안 된다는 것입니다. 거절하지 못해 일감을 잔뜩 쌓아둔 적이 있습니다. 어렵게 한 부탁을 거절하는 것이 예의가 아닐 것 같다는 판단으로 받아들이다 보니 어느새 저 자신이 지쳐 있었어요.

그때부터 힘들더라도 거절의 기준, 나만의 원칙을 마련해야겠다고 다짐했습니다. 물론 사람마다 거절의 기준과 원칙은 제각기 다를 것입니다. 거절의 기준은 자기 가치관에 부합하도록 정하는 것이 좋습니다.

그 기준이 관계가 될 수도 있고, 시간이나 능력이 될 수도 있습니다. 나에게 어떤 영향을 미치는 사람이냐에 따라 어떤 부탁이든 꼭 들어줘야 한다고 기준을 정할 수도 있습니다. 또한 시간을 지나치게 들여야 하는 부탁이라면 자신의 상황과 여건에 맞춰 판단해야겠죠.

아무리 들어주고 싶은 부탁이라도 능력에 합당한 부분인지 생각하는 단계도 필요합니다. 이렇게 명확한 기준을 갖고 원칙을 세운다면 합리적이라는 명분으로 스스로 거절의 타당성을 갖게 될 수 있습니다.

단순히 '착한 사람 콤플렉스' 때문에 거절하기가 어려운 것이 아닙니다. 우리 사회는 관계를 워낙 중요하게 여깁니다. 다층적 위계질서가 잡힌 사회집단에서 약자라면 더더욱 거절하기는 어렵습니다.

거절은 상황에 따라 결정되는 것일 뿐 관계 자체를 부정하는 것이 아닙니다. 거절에 대해 오해하지 않는 태도가 필요합니다. "제가 OO 상황으로 부탁하신 일은 하기 어렵습니다"라며 자기 상황을 명확히 표현하세요.

대학시절 사귄 친구가 있습니다. 사람들과 어울려 시간을 보내는 것을 매우 좋아하는 친구였어요. 그 친구가 특히 거절을 몹시 어려워했던 기억이 납니다. 보다 못해 어느 날 그 친구에게 말했습니다. 다른 사람의 부탁을 들어주는 것도 좋은 관계를 유지하는 방법이지만, 그전에 먼저 자신을 가장 아끼고 챙기는 마음을 갖는 것이 좋지 않겠냐고 말이죠.

그랬더니 그 친구가 자기감정을 솔직히 말해줬어요. 어린 시절 사랑을 충분히 받지 못해 사람에 대한 애정결핍이 생겼고, 그로써 부탁을 거절했을 때 다시 혼자가 되고 소외될까봐 두렵다고 말이죠. '아, 이런 마음이 거절하지 못하는 원인이었구나' 하는 생각이 들었습니다.

정신건강의학과 김병수 교수가 책『감정의 온도』에서 언급했듯이 이런 경우 심리학적으로 소외공포증, 고립공포증isolophobia이 내면에 자리 잡았을 수 있습니다. '내가 거절하면 나중에 내 부탁도 거절하겠지? 그럼 주변 사람들이 다 떠나고 나는 혼자가 되겠지?' 하는 생각으로 이어지는 거죠. 과거의 어떤 트라우마에 따른 불안감이 생각을 왜곡한 결과로 보입니다.

왜곡된 생각 때문에 타인이 아니라 자기 자신에게서 고립될 수 있다는 사실을 잊지 말아야 합니다. 점점 정체성을 잃어갈 수도 있거든요. 거절을 두려워하지 말고 적절하게 거절하는 것이 나 자신을 존중하는 것임을 기억해야 합니다.

무례하게 거절하지도
거절당하지도 않을 권리

제대로 된 방법으로 거절을 연습하는 것이 필요합니다. 쿠션처럼 폭신폭신하고 말랑말랑하게 들릴 수 있는 언어를 사용해보면 어떨까요? 서비스 대화법에서 많이 통용되는 쿠션화법이 그것인데, 거절의 의미가 부정적으로 들릴 수 있는 점을 최대한 차단하면서 기분을 상하지 않고 듣게 만들 수 있습니다. 예의 있는 표현으로 상대방에게 배려받고 있다는 느낌이 들게 합니다.

"실례이지만…" "죄송하지만…" "불편하지 않으시다면…"이라고 먼저 말해보세요. 당신의 부탁을 깊이 공감하지만 상황이 여의치 않다는 것을 부드럽게 표현할 수 있습니다.

"말씀해주신 부분은 정말 감사합니다만…"이라고 고마움을 표현한 뒤 거절한다면 부탁한 사람이 무안하지 않고 상실감을 덜 느낄 겁니다. 이때 반드시 이유를 설명해야 합니다. 어떤 이유에서 거절할 수밖에 없는지 상황을 설명하는 거죠. 설령 이유 없이 마음이 가지 않는 일이라도 "내키지 않네요"라면서 핑계를 대는 듯한 거절을 하면 부탁한 사람의 기분이 상할 수 있습니다.

부탁을 거절하기가 아주 어려울 때도 있습니다. 그럴 때는 부드럽게 조정을 요구하고, 가능하면 어느 정도 부탁을 들어주는 선에서 타협할 수도 있습니다. 이렇게 조정해서라도 부탁을 들어주려고 하면 노력한다는 점을 보여줄 수 있죠. 그 모습에 오히려 상대방은 고마움을 느낄 겁니다.

내가 거절하는 상황과 달리 거절당하는 순간도 있습니다. 그러니 언제나 상대방을 진정으로 배려하는 태도와 말투를 사용하면 어떨까요?

오가는 길거리에서도 거절해야 하는 일이 있습니다. 전단지를 나눠주는 사람, 서명을 요청하는 사람, 간단한 진단이나 조사를 요구하는 사람까지 불특정 다수를 대상으로 부탁하는 사람들이 있습니다. 그런 상황에서도 무심히 지나치지 않고 "죄송합니다. 제가 급히 가야 해서요" 하거나 가벼운 목례로 거절을 표현하는 것이 좋지 않을까요? 언젠가 누군가에게서 무례하게 거절당하지 않기 위해서라도 말이죠.

관계를 불편하게 만들지 않고 거절하는 말투

1 "말씀해주신 부분은 정말 감사합니다만…."
2 "죄송하지만 저는 OOO한 이유 때문에…."
3 "혹시 OOO 부분을 조정할 수 있다면…."

화내는 사람을 대할 때
90초 기다림을 기억하라

화를 내는 것도 자기표현의 일부입니다. 오히려 참는 것보다 앞에서 화를 내고 푸는 것이 좋을 때가 있죠. 그런데 요즘 사회에서 화와 분노는 너무 무섭게 다가옵니다.

시사 프로그램에서 쇠파이프로 세워둔 앞차의 유리창을 깨부수는 사람을 보았습니다. 그 광경을 보던 시민이 휴대전화로 촬영한 영상이었죠. 얼마나 화가 나기에 저렇게 분출할까 의문이 들 즈음, 그가 분노한 이유가 밝혀졌습니다. 자기 차 앞으로 끼어들기를 했다는 어이없는 이유 때문이었습니다. 앞차가 끼어드는 것이 화가 나서 쇠파이프까지 꺼내 욕설하며 유리창을 부숴버린 거예요.

객관적으로 봐도 무차별하게 폭력을 쓸 만큼 화가 날 일이 아니었습니다. 이처럼 누구나 화가 나면 어떤 방식으로든 표출하게 마련입니다. 혼자 씩씩거리며 욕하는 사람도 있고, 소리 지르며 화내는 이유를 직접 표현하는 사람도 있죠.

분노를 해소하는 데도
정도는 필요하다

분노라는 감정은 수명이 길지 않습니다. 뇌졸중으로 쓰러졌다가 회복하는 동안 자신을 대상으로 뇌 연구에 집중한 질 볼트 테일러Jill Bolte Taylor 박사는 분노의 자연적 수명이 90초라고 했습니다. 화가 나면 화학물질, 즉 호르몬이 분출되어 몸에 퍼지는데, 90초가 지나면 자연적으로 사라진다는 것입니다.

그런데 보통 90초 이상 분노를 키우는 이유는 스스로 감정에 생각을 주입하기 때문입니다. 쌓여 있던 서운함과 실망감, 미움 등 부정적인 생각으로 감정을 재생산하는 것이죠. 자연스럽게 사라질 화를 스스로 돋운다는 것은 어리석은 일이 아닐 수 없습니다.

분노가 일어나고 화가 머리끝까지 난다 해도 90초를 기억하세요. 그렇다면 분노한 사람은 90초 동안 표출할 수밖에 없겠죠? 내 앞에 다짜고짜 화내는 사람이 있다면 90초 동안은 어떡해야 할까요? 분명, 분노한 상대는 심리적 방어 메커니즘이 작동해 부정적인 말을 쏟아낼 것입니다. 자기감정을 드러내는 투사projection 과정에서는 공격적인 말로 분노를 표출하겠죠? 이런 때는 분노의 수명이 다하기를 기다리는 것이 현명할 수 있습니다.

참지 못하고 맞대응하면 관계가 깨지거나 몸싸움까지 일어날 수 있겠죠. 분노의 수명이 다할 때까지만 참아보세요. 그런 다음 분노에 맞대응해도 늦지 않습니다.

한 휴대전화 수리점을 방문했을 때입니다. 나이가 지긋한 고객이 다짜고짜 수리기사에게 크게 화를 내며 소리쳤습니다. 산 지 얼마 되지 않은 휴대전화에 문제가 생긴 것 같았어요. 그래서 자기가 하는 일에 지장을 받은 것 같더라고요. 보통이라면 기사가 고객 말에 끼어들어 업체 입장을 설명할 만도 한데, 그 기사는 무슨 말인지 끝까지 들어보는 것 같았습니다.

충분히 듣고 난 기사의 한마디가 머리끝까지 화가 난 고객을 잠재웠습니다. 그 기사는 "네, 고객님. 휴대전화에서 OOO이 작동되지 않아 고객님 업무에 불편을 드렸다는 말씀이시죠?"라며 자신이 이해한 바를 말했습니다. 그랬더니 그 고객이 수긍하며 침착해진 말투로 말을 이어갔습니다.

결국 고객은 자신이 분노한 상황을 제대로 알아주고 처리할 수 있도록 도와준다면 더이상 분노를 표출할 이유가 없는 것이죠. 그런데 대부분 이런 상황에서 받아들이는 처지가 된다면 나를 향해 분노하는 감정에 초점이 맞춰지게 됩니다.

내가 잘못한 것도 아닌데 왜 나한테 이러냐고 생각할 수 있어요. 내가 분노감정의 쓰레기통이 된 것 같은 기분이 들기도 합니다. 이때는 보이지 않는 마스크를 써야 합니다. 분노라는 감정은 전염이 빠릅니다. 나에게 전혀 이로울 것이 없는 상대의 분노감정에 전염되지 않도록 스스로 보이지 않는 마스크를 쓰는 것이 현명한 대응법입니다.

대화의 가장 기본이자 정석이 공감과 경청이라는 말을 많이 들어보았을 거예요. 그런데 공감하고 경청하는 것은 마냥 듣고만 있는 것이 아닙니다. 잘 듣는 것이죠.

분노를 잠재우는 기술이 따로 있는 것이 아닙니다. 제대로 들었다면 구체적으로 언급하며 공감해주면 됩니다.

분노로 가득찬 상태로 말하면
결국 후회하게 된다

"화가 날 때는 말을 하라. 당신은 두고두고 후회할 최고의 연설을 하게 될 것이다." 로렌스 피터Laurence J. Peter의 명언인데, 분노는 후회를 동반하는 것 같습니다. 그렇다고 표출하지 않으면, 내 안에 쌓이는 것 같은 기분이 듭니다. 그래서 저는 저만의 '분노공감메이트'를 만들었습니다.

저는 분노를 품게 되었을 때 제 분노를 들어주는 메이트가 있습니다. 적극적으로 공감해주지 않아도 그저 제 말을 들어주기만 하면 됩니다.

제 메이트는 같은 분야 일을 하는 동료입니다. 분노하는 순간, 그 친구가 떠오릅니다. 거의 모든 분노하는 순간, 그와 함께 얘기를 나눈 것 같습니다. 분노공감메이트에게 분노감정을 털어놓으면 얻는 것이 있습니다. 이 상황을 좀더 객관적으로 볼 수 있게 되는 것입니다.

'내가 분노할 만큼 중요한 일인가?'
'다른 사람들이 느끼기에도 이 분노감정과 생각이 정당할까?'
'내가 분노함으로써 바뀌는 것은 무엇이지?'
'그렇다면 나는 어떻게 행동해야 할까?'
'행동할 만한 가치가 있는 일일까?'

이 5가지 생각을 정리한 뒤 실행해보세요. 저는 만약 5가지 중 한 가지라도 스스로 수긍하지 못하는 것이 있으면 대응 방법을 바꾸려고 하는 편입니다.

특히 분노에서 중요하게 다루는 부분이 있습니다. 내가 분노함으로써 변하는 것이 있는가 하는 것입니다. 변하는 것이 없다면 분노하는 것은 화풀이밖에 되지 않겠죠.

자신이 생각하는 중요한 부분이 있을 거예요. 무조건 분노하지 말라는 것이 아닙니다. 세련되게 관리해서 현명하고 생산적으로 표출하는 것이 좋지 않을까요?

분노와 화를 다루는 세련된 대화법

1 분노감정의 수명은 90초다.
2 "그러니까 마음을 상하게 만든 것이 OOO이란 말씀이죠?"
3 나만의 '분노공감메이트'를 만들어라.

고래도 춤추게 한다는
칭찬 100% 활용법

대학에서 강의할 때였습니다. 수업이 끝날 무렵, 담당 교수님이 찾아왔습니다. "이 교수님, 아이들이 수업에 잘 참여하나 모르겠어요. 특히 현수가 많이 졸지 않나요?" 제자들을 세심히 챙기는 담당 교수님의 모습에서 애정을 느낄 수 있었습니다.

교수님은 현수라는 학생이 수업시간에 많이 졸기 때문에 걱정스러운 마음으로 얘기한 것 같습니다. "아니에요, 교수님! 현수가 얼마나 수업을 열심히 듣고 참여했는데요." 모든 학생이 있는 자리에서 이렇게 말씀드렸죠.

그 후 현수는 수업시간에 한 번도 졸거나 소극적인 태도를 보이지 않았습니다. 바로 심리학에서 말하는 '레테르 효과letter effect'입니다. 이전에 현수는 가끔 수업시간에 조는 모습을 보였습니다. 그래서 앞으로 현수가 수업에 더 적극적으로 참여하고 졸지 않게 하려고 나름 심리학적 기술을 활용한 것입니다.

레테르 효과를 이해하려면 먼저 낙인이론labeling theory을 알아야 합니다. 1960년대에 미국의 사회심리학자 하워드 베커Howard S. Becker가 제창한 이론인데, 일탈행동이나 범죄행동이 단순한 사회병리현상이나 행위자의 내적 특성보다 주위의 낙인으로 만들어진다는 것입니다. 처음 범죄를 저지른 사람을 범죄자라고 낙인을 찍어버리면, 스스로 범죄자로서 정체성을 갖게 되어 재범을 저지를 확률이 높아질 것이라는 주장이죠.

낙인이론이 부정적 의미가 강하다면, 레테르 효과는 긍정적 영향입니다. 상대방에게 기대하는 바를 칭찬으로 말해 행동을 이끌어내는 것이죠.

레테르 효과를 잘 활용한 정치가 윈스턴 처칠처럼 상대를 움직이게 만드는 말투로 말해볼까요? 이 말을 들은 상대방은 자신도 모르게 기대에 부흥하기 위해, 자신에게 붙은 라벨label에 맞게 행동하기 위해 노력할 것입니다.

"OO 씨는 행동이 아주 빨라서
추진력이 있어 보여요"

칭찬에서 진정성이 느껴지지 않을 때가 있습니다. 입바른 소리처럼 인사치레 같다는 느낌인데, 그래도 춤추게 한다는 칭찬의 효과를 보여주지 못하는 셈이죠. 상대방 마음에 동요를 불러일으키는 칭찬이 효과가 있습니다.

그러려면 객관적인 관점을 담아보세요. "너무 예뻐요.""멋있어요"는 흘려들을 수 있는 칭찬입니다. "듣던 대로 정말 미인이세요.""미소가 멋지다는 말, 자주 듣지 않으세요? 웃는 모습이 멋있어요"라고 말해보는 거죠. 영혼 없는 칭찬이 아니라 센스를 담아 표현해보세요.

그런데 이런 진정성 있는 칭찬에 어떻게 답해야 할지 고민해본 적 있지 않나요? 칭찬을 쑥스러워하고 민망해하는 이들은 어떤 식으로 화답해야 할지 몰라 방법을 묻습니다. 같이 칭찬해야 하는지, 수긍해야 하는지 모호한 거죠. 그럴 경우 아래처럼 상대방 말에 감사를 표하는 것이 답이 되지 않을까 생각합니다.

"그렇게 말씀해주시니 기분이 정말 좋은데요."

아이나 어른이나 칭찬에 약한 것은 어쩔 수 없나 봅니다. 누군가에게 인정받고 칭찬의 말을 들으면 대단한 사람이 된 것 같은 기분이 들기도 해요. 대단한 사람이 된 것 같다는 기분은 적극적인 모습으로 반영됩니다. 호기심을 담은 칭찬 말투가 그렇습니다.

제가 하는 중요한 일 중 하나가 초보 강사들에게 길잡이가 되는 멘토링입니다. 멘토링을 하다 보면 아주 반응 좋은 초보 강사를 만나는 경우가 많습니다. "대표님, 어떻게 이렇게 하실 수 있었어요?" "선생님, 정말 대단하세요. 저도 방법 좀 알려주세요"라는 반응이죠. 단순히 '대단하다' '훌륭하다'고 정의 내린 표현보다 칭찬을 극대화해서 느낄 수 있습니다.

상대방이 정말로 뛰어나서 하는 칭찬이라기보다 격려와 응원이 섞인 칭찬이라고 할 수도 있죠. 그럴 때면 신이 나서 하나라도 더 알려주려고 노력하게 됩니다. 비즈니스 상황에서뿐만 아니라 가까이 있는 사람에게도 효과가 좋은 방법입니다.

어렸을 때부터 말을 더듬는 아이가 있었습니다. 친구들에게 '말더듬이'라고 놀림을 받고, 사람들이 자기 말을 알아듣지 못하는 경우도 많았죠.

어느 날 아이는 엄마에게 질문합니다. "저는 왜 말을 더듬나요?" 부끄러워하는 아이에게 엄마는 "그건 네가 너무 똑똑하기 때문이야. 어느 누구의 혀도 너의 똑똑한 머리를 따라갈 수는 없을 거야"

라고 말해줬습니다. 엄마의 현명한 칭찬 덕분에 아이는 스스로 말보다 머리가 훨씬 빠르게 움직이는 똑똑한 사람이라고 느끼며 자신감을 가질 수 있었죠.

이 아이가 바로 훗날 에디슨이 설립한 전기조명회사를 모체로 한 전기기기 제조업체의 최연소 회장으로 부임한 잭 웰치^{John Frances Welch Jr.}입니다. 단순히 누군가의 마음을 움직이게 하는 것 이상으로, 인생을 긍정적으로 흘러가게 할 수도 있는 칭찬은 남발해도 괜찮지 않을까요?

사람을 움직이게 만드는 칭찬의 기술

1 '레테르 효과'로 상대를 행동하게 하라.
2 칭찬의 객관적 관점을 담아 진정성을 느끼게 하라.
3 "도대체 어떡한 거예요?" 호기심 말투로 칭찬하라.

말하기보다 듣기가
더 힘든 이유

경청傾聽은 절대 쉽지 않습니다. 내가 관심이 없는 이야기라면 더욱 그렇습니다. 상대방 의견이 가치가 없다고 생각하는 경우도 그렇고요. 인내심이나 개인별 성격 차이가 경청하지 못하는 원인이 되겠지만 가장 결정적으로 자신이 필요할 때만 경청하는 것은 문제가 있습니다.

여러분은 어떤가요? 누군가 하는 이야기를 듣기가 쉬운가요? 우리의 집중력은 점점 줄어듭니다. 삶의 패턴이 집중력을 짧게 만듭니다. 대중교통을 이용할 때 주변을 돌아보면 저를 비롯해 모두 똑같은 행동을 하고 있는데, 스마트폰을 들여다보는 겁니다.

사회생활을 하는 성인의 경우 스마트폰을 1시간에 36번 체크하고, 일주일 동안 평균 38시간을 사용한다고 합니다. 이러한 일상이 우리에게 집중력 분산과 조바심을 가져다줍니다.

보통 사람이 한 번에 집중하고 몰입하는 시간이 2000년에는 평균 12초였지만, 최근 들어 8초로 단축되었다는 기사는 이러한 사실을 여실히 증명해줍니다. 요즘 같은 방대한 정보화시대에 짧아진 몰입도를 높여 경청하려면, 경청하게 만들려면 분명 노력이 필요합니다.

"내 말 듣고 있어?"
"아까 내가 말했잖아"

우리나라에서 가장 훌륭한 왕으로 추앙받는 위인이 있습니다. 조선의 4대 임금으로 즉위해 32년간 통치한 세종대왕世宗大王입니다. 회의에서 "경들은 어찌 생각하시오"라는 말을 자주 했다는 세종대왕이야말로 경청 능력이 탁월했다고 평가받습니다.

세종대왕은 임금과 신하가 함께 책을 읽고 토론하는 자리인 경연에 월평균 6번이나 참여할 정도로 소통하는 리더십을 보여주었으며, 신하들의 불편한 토론에도 불구하고, 말을 섞지 않고 끝까지 경청했다고 합니다. 정치를 하려면 세종처럼 하라는 말이 있을 정도로 인정받은 왕으로서 다양한 사람의 의견을 경청하고 반영하려고 노력한 덕분에 수많은 업적을 일궈냈습니다.

직급이 높아지고 경력이 단단해지면 상대방 이야기를 제대로 듣기보다 판단하려고 하게 됩니다. 그리고 섣불리 스스로 결론을 냅니다. 비즈니스 과정에서 이렇게 경청이 제대로 되지 않으면 그것은 실수로 연결됩니다. 이러한 실수를 방지하고 매력적인 리더로서 면모를 발휘하려면 경청이 절실히 필요합니다.

흔히 강사는 듣기보다는 말을 많이 하는 직업이라고 하는데, 사람들 앞에서 많은 이야기를 하는 것은 사실입니다. 그런데 제가 강사로서 성장하는 데 가장 크게 도움을 준 것은 강사들의 강의를 평가하는 것이었다고 생각합니다.

프리랜서 강사로 활동하며 강사 지망생들의 교육을 전담하게 되었습니다. 그 교육 프로그램에는 그들의 강의를 평가하는 피드백이 포함되어 있었습니다. 강사는 강의로 면접을 보기 때문이죠. 10~15분간 그들의 강의를 열심히 듣고 세심하게 피드백해주는 것이 제 역할이었는데, 정말 잘 듣는 것이 필요했습니다.

하나도 놓치지 않으려 몰입해서 듣다 보니 저 또한 가르침을 많이 얻었습니다. 그들의 생각과 경험에서 배우는 것이 있었죠. 누구나 생각과 경험은 다르니까요. 나와 다른 생각을 하는 그들의 말에서 내가 경험하지 못한 세상을 느꼈습니다.

상대의 말을 경청하는 것이
내가 배우는 길

상대의 말에서 답을 얻는 경청의 중요성으로 질문하는 것이 필요하듯이 배움의 태도로 경청해보세요. 깊고 넓은 시야와 통찰력이 생길 것입니다.

그런데 주의할 점이 있습니다. 경청하면서 내가 해야 할 말들에 집중하지 마세요. 그리고 내가 말할 순서를 기다리지 마세요.

20년 가까이 KBS 〈아침마당〉이라는 프로그램을 진행한 이금희 아나운서는 단연 공감·경청의 아이콘이었습니다. 시청자가 슬퍼하면 말뿐만 아니라 함께 눈물을 흘리며 슬퍼했고, 기쁜 일에는 자기 일처럼 즐거워했습니다. 시청자 역시 그런 공감의 마음을 공유했던 그를 떠나보내기 힘들어했죠. 이금희 아나운서의 프로그램 하차에 항의글이 빗발쳤습니다.

반면 "쓸데없이 뭘 그렇게 걱정이 많아" "그렇게 생각하는 건 아니지"라며 상대의 감정을 부정해버리는 판단의 경청은 입을 닫게 만드는 요인이 됩니다. 아마 다시는 대화를 하고 싶지 않을 거예요. 참 쉽고도 어려운 경청에는 연습이 필요합니다.

친구와 얘기하는데 오후에 잡힌 프로젝트가 걱정됩니다. 어느 순간 친구 말이 잘 들리지 않으면서 내가 하고 싶은 생각을 하게 됩니다. 그러다가 주위에 시선을 빼앗겨 다른 사람도 보게 되죠. 이는 잘 들으려 할 때 하지 말아야 하는 행동입니다.

적극적 경청을 하려면 꼭 해야 할 일이 있습니다. 몰입해서 경청하려면 적극적인 추임새로 반응해주세요. 집중하기 위한 표현이 아니라 표현하면서 집중할 수 있다면 더 좋습니다. 짧은 한마디 감탄사면 충분합니다. 충분히 듣고 상대방 말이 끝난 뒤 반응하세요. "음~, 오~, 아~, 예(네)~." 걸그룹의 노래제목과도 같은 말입니다. 쉽게 기억할 수 있지 않을까요? 음!오!아!예!

누구든 자기 말을 잘 들어주는 사람을 좋아합니다. 말을 잘 들어주는 사람에게는 좋은 감정이 듭니다. 누군가에게 호감 가는 사람이 된다는 것은 좋은 인연이 된다는 뜻이겠죠? 우리는 언제나 좋은 인연과 함께 일하고, 말하고 싶어합니다.

잘 듣는 방법, 잘 듣게 하는 방법

1 선택적 경청에서 벗어나 배우는 태도로 경청하자.
2 상대방 감정을 부정하는 말투를 삼가자.
3 '음오아예(네)' 추임새를 넣으면서 적극적으로 경청하자.

내성적인 성격이라 쑥스러움이 많아서 말을 잘 못하는 것 같다고 스스로 판단하기도 합니다. 반면 외향적이고 적극적인 성격의 사람들은 말을 잘할 것이라고 예상하죠. 유전적 요인이 성격 형성에 영향을 주는 것처럼 타고난 성향이 말하기에 영향을 주기도 합니다. 하지만 실제 어떻게 표현할지 스스로 조절할 수 있고, 주목받는 스피치 상황에서도 잘 말할 수 있는 방법을 배운다면 당신도 충분히 말을 잘할 수 있습니다.

4장

사람들의
주목마저도
즐기게 되는 말투

자기소개가 막막할 때
꼭 알아야 할 3가지

자기소개는 자신을 드러내 인상을 남기기 위한 행위입니다. "우리는 끊임없이 주변 사람들에게서 사랑과 존경을 원한다"라는 소설가 알랭 드 보통^{Alain de Botton}의 말처럼 사람들에게 기억되고 싶은 욕구가 포함된 말하기가 자기소개입니다.

심리학적 표현을 빌리면, 자기소개는 자기 제시의 한 과정으로 볼 수 있습니다. 이 과정에서 자기 제시 전략이 2가지 있다고 하는데, 그것은 사람들 앞에서 자신을 낮춰서 표현하거나, 자신을 높여서 표현하는 것입니다.

자신을 낮춰서 표현하면 겸손하게 보이고 호감을 얻을 수도 있지만 지나치면 자신감이 없어 보입니다. 반면 자신을 높이는 표현을 하면 자신감은 넘쳐 보일 수 있지만 과하면 거만해보이는 인상을 줄 수 있죠. 지나친 자기 높임도, 자기 낮춤도 아닌 목적에 맞는 자기소개가 필요합니다.

100명 중 90명은
비슷하게 들리는 자기소개

"네, 저는 서울 ○○에 살고 나이는 ○○인 ○○○입니다."
"네, 저는 ○○기업 ○○팀 대리 ○○○입니다."

왜 우리는 자기소개를 하며 모두 똑같은 말을 되풀이할까요? 물론 자신을 지나치게 드러내고 궁금하지 않은 것들까지 쏟아낼 필요는 없겠죠. 하지만 자기소개를 하는 목적을 다시 생각해보면 좋겠습니다. 나를 그 자리에 있는 사람들에게 각인하는 것이겠죠.

첫인상이 중요한 것처럼 처음 나를 소개하는 자리는 필요하고 중요합니다. 너무 넘치지도 너무 모자라지도 않는 매력적인 자기소개를 해봅시다. 자리와 상황에 맞게 나를 센스 있게 보여줍시다. 말로 자기소개를 하는 분량은 세 문장에서 네 문장이면 적당합니다. 깔끔하고 자연스러우면서 편안하게 말해야 합니다.

비즈니스에서 필요한 자기소개 자리부터 살펴보겠습니다. 요즘은 다양한 네트워킹 자리가 많습니다. 사업을 하거나 준비하는 이들이라면 특히 여러 모임에 참여해 정보를 나눌 텐데, 이왕이면 내 존재를 각인하는 것이 필요하겠죠? 이때는 사람들이 내 사업에 대해 궁금해하도록 쉽게 표현해야 합니다. 저는 사업상 미팅 자리나 비즈니스 자리에서 이렇게 소개합니다.

"스피치교육의 대중화를 위해 힘쓰고 있습니다. 목소리와 화법에 대해 연구하고 교육합니다. 하우투스피치 대표 이서영입니다."

어떤가요? 제가 이루고자 하는 목표와 제가 하는 일이 쉬우면서도 전문적으로 들리지 않나요? 이렇게 소개한다면 어떤 일을 하는 사람인지 분명하게 기억될 것입니다.

**준비해놓는 것만으로도
자신감이 생기는 자기소개**

사교모임 자리에서의 자기소개는 비즈니스 자리보다 훨씬 편안하게 소개해도 좋습니다. 사교모임이라면 친목을 도모하는 자리이거나 배우는 자리이거나 어디서든 처음 만난 사람들과 인사하는 자리겠죠. 편안한 자리인 만큼 딱딱하게 격식을 갖추지 않아도 됩니다. 이 자리에 참여한 계기, 이 자리에서 얻고 싶은 것, 내가 좋아하는 것, 이 3가지만 기억하세요.

먼저 이 자리에 참여한 계기가 가장 쉽게 접근할 수 있는 자기소개입니다. 나는 어떤 목적으로 이 자리에 왔는지, 어떤 계기가 나를 이 자리로 이끌었는지 진솔하게 말하는 것이 상대방에게 열린 사람이라는 인상을 줄 수 있습니다.

두 번째로는 이 자리에서 얻고 싶은 것을 솔직하게 말하세요. 만들어내거나 지어낸 자기소개가 아니라 있는 그대로 내 마음을 표현하세요.

세 번째는 내가 좋아하고 관심 있는 것을 말합니다. 나이는 몇 살이고, 어디에 사는지보다 여러분에 대해 알고 싶은 것은 공통의 관심사입니다. 취미나 내가 좋아하는 것으로 나를 표현합니다.

"안녕하세요. 저는 평소 영어에 콤플렉스가 있었습니다. 항상 꼭 배워보고 싶다는 생각만 했는데 이렇게 모임에 참여하게 되어 기쁩니다. 일상에서 간단한 대화 정도가 가능하다면 좋을 것 같습니다. 아, 그리고 저는 인테리어에 관심이 많습니다. 홈인테리어나 소품활용방법 등 필요하시면 좋은 정보 함께 나눠요!"

물론 새로운 자기소개는 아닙니다. 하지만 진솔한 내 마음과 공통사가 될 부분까지 표현했으니 앞으로 대화가 술술 풀릴 것이라고 예상됩니다. 자기소개의 긴장감도 조금은 날려 보낼 수 있지 않을까요?

너무 잘하려고 하기보다 다 함께 편안한 대화를 이어나갈 수 있도록 현장감을 살려 표현하는 것이 좋습니다. 이렇게 자기소개를 어렵지 않게 하면 평소 말하기에 긴장감이 있어도 가볍게 해낼 수 있습니다.

자기소개 자리에서는 쭈뼛쭈뼛하거나 하기 싫은 표정과 마음가짐은 잠시 내려놓으세요. 1분 정도의 짧은 시간입니다. 그런 자세와 행동이 오히려 청중의 마음을 닫게 만듭니다. 3가지만 기억하며 당당하고 자신 있게 말해봅시다.

기억하고 싶게 만드는 자기소개 노하우

1 이왕 한다면 수줍어하지 말고 자신 있게 하라.
2 비즈니스 자리에서 자기소개는 내 일이 궁금하도록 쉽게 표현하라.
3 사교모임 자리에서 자기소개는 계기, 목적, 관심사를 말하라.

발표의 불안감을
해소하는 방법

'3, 2, 1.' 새해를 맞이하는 카운트다운은 설렘을 주지만 생방송이 시작되기 전의 카운트다운은 제게 공포를 주었습니다. 아직도 그 순간이 아찔합니다. 초보 방송인에게 대본이 나오는 시간은 정말 중요한데, 스튜디오 촬영의 경우 녹화 몇 시간 전에야 대본을 받아볼 수 있습니다.

하지만 방송 경험이 없었던 저는 대본을 하루 전날 받아 달달 외워서 방송에 임하기도 했습니다. 그런데도 머릿속을 가득 채웠던 불안감은 현실이 되었습니다. 머릿속이 하얘지면서 아무것도 생각나지 않았죠.

몇 줄 되지 않는 멘트였는데 왜 바보처럼 하나도 기억해내지 못했을까요? 목소리는 가늘게 떨리고 더듬거리며 대본을 읽다시피 하면서 겨우겨우 방송을 끝냈습니다.

제가 그렇게까지 말을 못할 것이라고는 전혀 예상하지 않았습니다. 대본을 미리 받아보았고 충분히 연습해 나름대로 자신감이 마음 한구석에 자리 잡고 있었죠. 그런데 결과는 참담했어요.

첫 방송에서 실패한 경험은 그 후로 계속 저를 괴롭혔습니다. 방송에 임할 때마다 지난번처럼 잘못할 것이라는 부정적인 생각이 떠나지 않았습니다. 이른바 발표 불안이 시작된 것입니다.

나는 누구?
여긴 어디?

'①발표 경험이 별로 없다. ②평소 수줍음이 많고 내성적 성향이다. ③과거 발표 중 실수한 경험이 트라우마로 남아 있다. ④청중이 지위가 높거나 어려운 이들일수록 발표가 불안하다. ⑤발표 준비를 제대로 하지 못한 것 같다.' 이 항목들은 스스로 평가해볼 수 있는 간단한 발표불안 체크리스트입니다.

분명 원인은 있습니다. 발표가 어려운 이유를 스스로 알아보는 것이 필요하죠. 위의 5가지 항목 중 한 가지라도 해당한다면 주목받는 말하기는 여러분을 불편하게 만들 거예요.

심한 경우 약을 먹어서 긴장감을 완화하는 방법도 있지만 발표 불안은 정도에 따라 다를 뿐 누구나 갖고 있습니다. 외부 강연시 참여를 이끌기 위해 청중에게 질문을 할 때가 있습니다. 그때 제 눈을 쳐다보지 않는 이들이 많아요. 혹시라도 자신에게 말할 기회가 주어질까봐 두려운 거죠. 이러한 발표 불안감을 제대로 직면하는 것이 불안을 해소하는 첫걸음입니다.

청중 앞에서 주목받으며 말할 때 발표에 지장을 주는 불안한 증상을 우리는 무대공포증stage fright이라고 합니다. 불특정 다수의 청중보다 익숙한 얼굴 앞에서 더욱 긴장할 수도 있어요. 불안해져 심장이 두근거리거나, 목소리가 떨리거나, 구역질이 나는 등 육체적으로 증상이 나타납니다. 신체가 교감신경계통을 활성화하도록 유도하는 것이죠.

이런 신체적 반응은 극도의 불안함으로부터 자신을 보호하기 위해 일어납니다. 전투적으로 변하거나 도피하려는 현상도 자연적으로 발생하는 과정인 셈이죠.

그동안 발표 불안감으로 내게 나타났던 신체적 증상은 자연스러운 현상이었다는 것입니다. 그러니 스스로를 탓하지 마세요. 원인을 제대로 받아들이고 해결점을 찾아가면 됩니다.

주목받는 말하기의 불안감은
성공 경험을 쌓으며 해결된다

만족스럽지 않았던 발표가 아주 조금씩 만족스럽게 느껴질 때가 있습니다. 성공 경험을 쌓기 위해 노력해봅시다. 발표 불안감을 해소하려면 다음의 3가지 훈련이 필요합니다.

첫 번째는 인지를 재구성하는 훈련입니다. 부정적 인지를 갖고는 절대로 성공적으로 잘 말할 수 없습니다. 제가 방송에서 실패를 경험한 뒤 계속 저를 괴롭힌 것은 부정적인 생각이었습니다. 그 부정적인 생각을 떨쳐버리려면 스스로 인지적 오류라는 것을 판단할 수 있어야 하는데, '아, 내가 지금 부정적인 생각으로 말을 잘 못할 거라고 주문을 거는 거구나'라고 인식한 뒤 긍정적인 사고로 전환해야 합니다.

긍정적인 사고로 전환하기 위해 눈을 감고 30초 동안 명상해보는 것을 권합니다. 연습한 대로 원활하게 말을 잘하는 모습을 그려보고, 성공적으로 발표를 마치는 모습까지 자세하게 떠올려봅니다. 긍정적인 생각이 쌓일수록 내가 원하는 방향으로 더 빠르게 흘러갑니다.

두 번째로 감정을 다스리는 긴장이완relaxation technique 스트레칭이 필요합니다. 운동 전에는 부상도 방지할 수 있고, 운동효과도 극대화할 수 있는 스트레칭을 기본적으로 하지만 말하는 데는 대부분 준비운동을 하지 않습니다. 운동할 때나 말할 때나 크게 다르지 않습니다. 어떻게 긴장감을 푸는지에 따라 발표 만족도가 달라집니다. 운동과 마찬가지로 가볍게 어깨, 목, 다리를 스트레칭하세요. 몸의 긴장감이 풀려야 말도 유연하게 나옵니다.

세 번째는 호흡입니다. 코로 숨을 들이마시며 배 속에 공기가 가득 차는 것을 느껴보세요. 그리고 입으로 호흡을 내뱉는 날숨이 중요합니다. 최대한 많이 내쉬며 긴장감을 풀어보세요. 스트레스를 받을 때, 긴장감이 들 때 신체는 위협으로 감지합니다. 위협이 감지되면 자동적으로 심장박동과 호흡이 빨라지는데, 심호흡은 이렇게 몸의 활성화된 교감신경을 부교감신경으로 바꿔준다고 합니다. 부교감신경이 작동되면 마음이 진정됨을 느낄 수 있을 거예요. 호흡만으로도 긴장되는 몸을 안정되게 만들 수 있습니다.

마지막으로, 주목받는 말하기를 제대로 준비하는 것입니다. 중요한 발표를 하기 전 얼마나 준비하나요? 많은 준비 없이 말을 잘하기를 바라는 것은 아닌가요? 쉽게 해볼 수 있는 방법으로 내가 말할 것을 원고에 미리 적어보는 겁니다. 구어체로 쉽고 간결하게 내가 말하려는 문장을 적어 내려가다 보면 자연스럽게 정리됩니다. 해야 할 말, 수정해야 할 말을 파악할 수 있죠. 원고구성을 하면 내가 내 말을 리드한다는 장점도 있습니다.

그런데 원고로 적은 것들을 모두 기억할 수는 없습니다. 또 원고로 기록한 것을 모두 외우려다 보면 더욱 말이 꼬이고 머릿속이 멈추는 현상을 느낄 수 있습니다. 키워드로만 기억해보세요. 발표에서 성공하는 경험을 쌓게 되면 불안감에서 벗어날 수 있습니다.

성공 경험을 쌓아가는 과정으로 먼저 원고를 구성해보고, 원고 구성 부분에서 키워드만 정리해서 기억시켜보세요. 이 과정이 익숙해진다면 더는 원고 구성이 필요 없어집니다. 키워드만 뽑아내 정리하면 되거든요.

> "올림픽 준비에 새로이 합류하게 된 저로서 지난 몇 달간 유치에 참여했습니다. 여러분을 뵐 수 있게 되어 새로운 배움의 경험이었어요. 저는 또한 좀더 흥미로운 점들을 배웠습니다. 바로 올림픽 유치에 있어 말이 매우 중요하다는 점입니다. 말은 우리에게 영감을 줄 수 있고, 불가능해 보이는 것들을 믿도록 하는 힘도 있습니다."

평창동계올림픽유치위원회 나승연 대변인의 연설문 원고 중 일부인데, 밑줄 친 부분만 머릿속에 기억될 수 있게 합니다. 외우려고 하기보다 소리 내서 많이 읽어보고, 중얼중얼 연습하세요. 모두 기억할 수는 없어도, 기억나는 것들로만 발표해도 괜찮습니다.

유명 댄서는 제자들을 교육할 때 손가락 움직임 하나도 철저하게 안무대로 하게 만듭니다. 그렇게 지독하게 연습시킨 뒤 무대에 올라갈 때는 이렇게 말합니다. "이제부터는 이 무대를 즐겨라! 자유롭게 하고 싶은 대로 해봐!" 충분히 연습했기에 몸이 기억할 수 있다는 것을 너무나 잘 알기 때문입니다.

실전처럼 충분히 훈련했다면 조금 틀리더라도 괜찮습니다. 당신이 서 있는 발표 자리는 당신의 무대입니다. 자유롭게 하고 싶은 대로 말해보세요. 불안감은 언제 그랬냐는 듯 잊어버리고요.

머릿속이 하얘져도 술술 말하게 만드는 노하우

1 발표 성공 경험을 쌓는 데 힘써라.
2 키워드 기억법으로 말할 것을 준비하라.
3 발표 전에 긴장이완 스트레칭을 꼭 실천하자.

발표하는 순간
긴장하지 않는 방법

청중은 언제 발표자가 긴장했다고 느낄까요? 말을 더듬을 때? 땀을 흘릴 때? 이런 순간일 수도 있겠지만 가장 빠르게 알 수 있을 때는 발표자의 비언어커뮤니케이션이 불안할 때입니다.

비언어커뮤니케이션nonverbal communication은 말로 할 수 없는 모든 것을 말합니다. 표정, 시선, 제스처, 자세 등 말을 쓰지 않고도 의미를 전달할 수 있는 행위입니다.

우리 뇌는 '들은 것'보다 '본 것'을 더 믿는다?

자기 모습을 모니터링하며 수강생 입에서 제일 먼저 나오는 말은 이렇습니다. "선생님, 제가 서 있는 자세가 왜 저렇게 불안할까요?" "손이 어쩔 줄 모르는 걸 보니 긴장한 것 같아요." 자기 모습에서 불안정함이 제일 먼저 드러난다는 거죠.

사람들 앞에 서는 것이 결코 유쾌하고 편안하지 않습니다. 긴장되고 불편하고 불안하죠. 그런데 내가 온몸으로 보여주거나 말하지 않는다면 상대방은 전혀 모를 수 있습니다. 청중이 인지하지 못한 채 내 말에 귀를 기울인다면 긴장감이나 불안감도 자연스럽게 떨쳐버릴 수 있습니다.

그렇다면 뇌가 기억하는 비언어커뮤니케이션을 한번 재정비해볼까요? 많은 사람이 보는 자리에서 말하기 전 우리 모습에서 불안감을 지워봅시다. 서 있는 자세에서 서성거리는 모습으로 불안정하게 발표한다면 여러분 말에 집중하기 어렵습니다.

두 손이 불안하다면 손을 앞으로 해서 편안히 맞잡고, 엉거주춤한 다리는 반듯하게 힘을 주고 서봅시다. 시선은 청중의 눈을 보는 것이 좋습니다. 허공을 보거나 밑을 내려다보지 말고 청중과 소통하며 발표하세요. 표정은 밝게 입꼬리를 살짝 올리며 말하는 것이 좋겠죠?

제스처 또한 적극적으로 사용하세요. 다만 힘이 없는 제스처는 성의 없어 보입니다. 분명하고 확신 있는 제스처를 사용하려고 노력하세요. 청중을 향한 손가락질처럼 무례한 제스처가 아니라 정중하면서도 격식 있게 사용하세요. 비언어를 점검했다면 이제는 말투입니다.

"제가 발표 준비를 제대로 못해서요"

솔직함이 좋은 순간도 있지만 굳이 자신의 긴장감을 고백할 필요는 없습니다. 이렇게 말하는 순간 청중의 기대감이 무너질 수 있기 때문입니다. '저 사람은 발표를 잘 못하는 사람인가 보구나.' '준비도 안 하고 이 자리에 왜 나왔을까?'

청중의 시간은 귀합니다. 냉정하게 말하면, 그들에게는 형편없는 발표를 듣지 않고 밖으로 나가버릴 권리가 있습니다. 여러분이 입 밖으로 긴장감을 표현하고 부족함을 토로하는 순간, 나름대로 고민하고 준비한 발표가 아쉽게 들릴 수밖에 없습니다.

청중에게 들키지 않고 능숙한 척하며 발표하는 것도 능력입니다. 주목받는 말하기로 성공 경험을 쌓으려면 긴장감과 불편함은 잠시 비밀로 하고 이 순간 몰입해서 말하세요. 자신을 믿으세요. 믿는 대로, 생각하는 대로 반드시 이루어질 거예요.

아마 불안함은 목소리에서도 드러날 것입니다. 여성들은 목소리가 얇고 가늘어서 덜덜 떨리는 것처럼 들리기도 할 테고, 남성들은 말끝을 흐리기도 합니다.

저도 목소리에서 불안감이 드러날 때가 있었습니다. 강의가 익숙하지 않았던 초보 강사 시절, 고위 간부급 청중 앞에서 강의하게 되었습니다. 저를 평가하는 듯한 눈빛으로 연륜을 보이는 청중을 만나니 저도 모르게 긴장감이 극도에 달했습니다.

그럴 때 목소리를 오히려 더 크게 냈습니다. 작게 덜덜 떨리는 목소리를 감추기 위해서였습니다. 말끝도 흐리지 않고 끝맺음을 명확히 했습니다.

강의가 끝난 후에 청중이 완벽하게 저에게 속았다는 것을 알았습니다. 간부들이 유익한 강의였다며 말을 정말 잘한다고 저를 칭찬하더라고요. 저에게 또 하나의 발표 성공 경험을 가져다준 사례였습니다.

긴장했을 때 나오는 증상 중 하나가 래퍼가 되는 것입니다. 어찌나 말이 빠른지, 약속이 있어 급히 가야 하는 사람처럼 속사포 랩을 하는 말투죠. 이렇게 말하면 아무리 좋은 내용이라도 제대로 알아들을 수 없습니다.

청중이 편안하게 들을 수 있는 말의 속도가 있습니다. 상대방이 안정감 있게 듣는 말하기 속도는 1분에 250~300자를 말하는 것이라고 합니다. 말이 안정감 있게 들리도록 천천히 정확하게 말하는 것이 필요합니다.

듣는 사람에게는 여러분이 빠른 속도로 말하거나 대충 말해도 쉽게 알아들을 수 있는 자막이 없습니다. 특히 청중이 처음 들을 만한 어려운 내용 또는 인명, 지명, 숫자는 더욱 천천히 또박또박 말해야 합니다.

잊지 마세요. 여러분이 긴장한 모습을 보여주면 듣는 사람도 긴장하게 됩니다.

듣는 사람도, 말하는 사람도 긴장하지 않게 만드는 방법

1 비언어커뮤니케이션을 재정비하라.
2 자신의 긴장감을 사람들에게 고백하지 마라.
3 빨리 끝내버리려는 속사포 랩 말투는 금물이다.

소소하지만 진솔하게
'한말씀' 잘하는 법

"이사님, 건배사 한말씀 부탁드립니다."

"오늘 우리 모임에 처음 오셨으니 한말씀 들어볼까요?"

"오늘 같은 뜻깊은 자리에서 OO 씨가 한말씀 해주시죠."

이렇게 부담스러운 '한말씀' 때문에 사람들이 모인 자리에 가지 않는 이들이 의외로 많습니다. 주목받는 말하기를 잘하려면 분명 연습하라고 했는데 말이죠. 그렇다면 연습하지 못하고 말해야 할 자리에 내몰린다면 어떡해야 할까요?

생각보다 우리가 즉흥적으로 말해야 하는 순간은 많습니다. 비즈니스로 모인 자리일 수도 있고, 친목을 도모하기 위한 자리일 수도 있고, 프로젝트를 마무리하거나 직원들끼리 회포를 푸는 회식 자리일 수도 있습니다. 직책이나 나이에 관계없이 사람들 앞에서 말할 기회는 공평하게 돌아옵니다.

안 한다고 손사래를 치거나 도망가기도 하면서 그 자리를 피하려고 합니다. 하지만 다 같이 즐기는 분위기에서 나 혼자만 이런 상황이 올까 지레 두려워하고 긴장하는 것이 안타깝지 않나요?

감사의 표현을 담은 짧은 '한말씀'

무섭고 두려운 '한말씀'에 대비하는 방법이 있습니다. 흔히 시상식장에서 수상소감을 들어보면 지인에게 감사의 말을 남기는 것으로 공로를 돌립니다. 아주 기뻐하며 또는 흐느끼며 감사의 말로 수상소감을 시작합니다. 당사자가 아니어도 우리는 흐뭇한 미소를 지으며 수상소감을 듣게 되죠.

긍정심리학으로 유명한 심리학자 마틴 셀리그먼Martin Seligman은 "감사란 일상에서 긍정적인 일들을 인식하고, 그 일들에 고마움을 느끼는 능력"이라고 했습니다. 감사의 표현을 담은 짧은 '한말씀'으로 긍정적인 기운을 퍼뜨려봅시다.

"이 자리에서 여러분을 만나게 되어 참 반갑습니다."

"비가 오는 궂은 날씨에도 한 분도 빠짐없이 참석해주셔서 감사드립니다."

"졸업한 지 20년이 넘었지만, 추억을 나눈 여러분과 이 자리를 함께해 더 의미가 깊습니다."

"지금 이 순간, 소중한 친구들과 많은 대화를 나누는 즐거운 시간이 되면 좋겠습니다."

저는 성인이 되면서 줄곧 아르바이트를 했습니다. 베이커리, 편의점, 고깃집, 골프연습장 등 다양한 분야에서 돈도 벌면서 좋은 사람도 많이 만나는 기회가 되었습니다. 열심히 일한 뒤에는 꿀맛 같은 회식의 순간도 있었습니다.

역시나 회식에서 빠질 수 없는 것이 건배사라는 한말씀이 아닌가 싶습니다. 그 순간 저는 누구보다 적극적으로 야무지게 한말씀 하는 경우가 많았습니다.

서너 줄 정도의 매우 짧은 말이었는데도 사장님들이 저를 무척 예쁘게 보셨던 것 같습니다. 아르바이트생인데도 당차게 말하는 모습이 인상적이었다며 정식직원으로 근무할 생각이 없는지 물어볼 때면, 어떤 자리에서든 '한말씀'이 기회가 될 수도 있다는 생각이 들었습니다.

대단한 용기가 필요한 것이 아닙니다. 소소하지만 진솔하고 따뜻한 한말씀을 하는 방법을 터득했다면, 오늘 저녁 회식 자리에서 바로 실천해볼까요?

청중 앞에서 멋있게 '한말씀' 하는 방법

1 감사함의 표현과 갖춰진 소개말로 청중을 압도하라.
2 이 자리의 의미를 언급하며 사람들과 소통하라.
3 앞으로 당부할 부탁의 말로 깔끔하게 마무리하라.

사장님 앞에서도
떨지 않고 말하는 방법

어느 강소기업에서 제게 교육을 의뢰해왔습니다. 대표님이 직원들에게 커뮤니케이션 교육이 필요하다고 느껴 제게 직접 연락했는데, 직원들이 자기 앞에서 떨지 않고 말할 수 있게 지도해달라고 요청했습니다.

대표님 앞이니 떨리는 것은 당연하지 않을까요? 대표는 직장생활에서 가장 어려운 사람일 겁니다. 평소에는 잘 나오던 말도 대표나 임원 앞에만 서면 긴장되어 잘 나오지 않습니다. 평소와 다른 진짜 내 모습이 불쑥 튀어나오기도 하고, 말의 속도가 지나치게 빨라지거나 말끝이 기어들어가는 자신 없는 말투를 보여주기도 하죠. 의도치 않게 목소리가 너무 작아 잘 들리지 않게 전달하기도 합니다.

평가받게 되는 사람 앞에서는 자연스럽게 불안감이 생깁니다. '앞에 있는 사람이 나를 어떻게 평가할까?'라고 생각하는 순간, 내가 하고자 하는 말의 집중도가 떨어지면서 외부 환경으로 시선이 옮겨집니다. 이러한 긴장감을 보게 된 대표나 임원은 직원이 제대로 준비되지 않았다고 판단할 수 있습니다.

며칠 동안 준비한 보고나 발표를 상대방이 성의 없게 받아들이는 것만큼 안타까운 일은 없습니다. 대표 앞에서 떨지 않고 말하려면 듣기 싫어하는 말투를 조심해봅시다.

비즈니스에서 설득력 있게 들리는
사소한 말투 차이

내 말투가 잘못된 것은 아닙니다. 그저 평소에는 편하게 자기 말투를 보여줘도 관계없지만 비즈니스에서는 달리 사용해보는 것도 내 말의 설득력을 높이는 수단이 될 수 있습니다.

아이 같은 말투는 애교 있고 귀여운 사람이라는 인상을 줍니다. 물론 아이 같은 말투가 사생활에서는 때로 이점이 될 수 있지만 주목받는 말하기에서는 마이너스가 될 수 있습니다.

기업 대표들이 교육을 의뢰할 때는 직원들의 아이 같은 말투가 전문성을 떨어뜨린다고 판단하는 경우가 많습니다. 아무리 논리적이고 설득력 있는 말이라도 아이 같은 말투를 사용했을 때 받아들이는 의미의 깊이가 다릅니다. 긴장했을수록 아성(아이 같은 소리)과 아투(아이 같은 말투)가 아닌 공식적인 자리에서 어울리는 말투를 사용해보면 어떨까요?

가장 좋은 방법은 훈련을 해서 복식호흡을 하고 공명감(울림) 있게 말하며 아성과 아투를 없애는 것입니다. 오랫동안 훈련하기 어렵거나 제대로 방법을 모른다면 조금의 노력만으로도 고칠 수 있는 방법을 소개합니다.

먼저, '해요체'보다는 '합니다체'를 사용해서 신뢰감을 주세요. 다소 딱딱하게 들릴 수도 있겠지만 괜찮습니다. 그리고 입술근육에 힘을 주고 또박또박 정확하게 발음하세요. 훨씬 분명하고 또렷하게 들릴 것입니다. 특히 모음발음을 할 때, 입술 움직임을 유연하게 하며 정확히 말해봅시다.

"이번 주 특별한 사항을 보고드리겠습니다."

"먼저 OO업체와 계약사항입니다."

"대표님, 지난주 말씀하셨던 부분들을 수정해서 보여드리려고 합니다."

자신 없고 모호한 말투로는
일 처리가 야무지다는 인상을 주지 못한다

책임을 회피하기에는 모호한 표현이 좋겠지만 회사생활에서 모든 자료나 말하기는 분명하게 표현해야 합니다. "가능하다고 봅니다." "회사가 추구하는 대로." "비교적 나쁘지 않은 상황인데요"라는 표현이 담긴 보고를 듣게 되면 궁금증이 생깁니다. 확실하지 않고, 구체적이지 않으며, 기준 자체가 불분명하니 대충 파악한 보고라고 판단할 수밖에 없습니다.

필요하다면 왜 필요한지, 목적은 무엇이며 어떤 방법이 좋은지, 수치와 근거를 담아 육하원칙에 따라 보고하세요. 평소 자기 성향에 따라 불분명한 표현을 지나치게 많이 사용하지는 않는지 점검해보는 것도 필요합니다.

비즈니스에는 좀처럼 어울리지 않는 말투

1 어린아이 같은 말투
2 모호한 표현을 쓰는 말투
3 말끝이 기어들어가는 자신 없는 말투

청중을 졸지 않게 만드는
스토리텔링 비결

우리는 이야기를 참 좋아하는 민족인가 봅니다. 할머니가 들려주던 호랑이나 여우가 나오는 옛날이야기가 아련하고, 수업시간 지루해질 때면 선생님에게 재미있는 이야기를 해달라고 조르며 학창시절을 보냈습니다.

현실적으로 일어날 수 있을 법한 영화 속 스토리는 우리를 빨려 들어가게 만들기도 하고, 아침 드라마의 막장전개에 자꾸 시선이 가기도 합니다. 이렇게 듣는 사람과 보는 사람이 지루하지 않게 하려면 이야기story로 말해야 합니다.

사람의 뇌는
이야기를 좋아한다

　인간의 뇌는 중요한 사실을 이야기 형태로 저장한다는 의미이기도 합니다. 인지심리학자 로저 생크Roger Schank와 로버트 아벨슨Robert Abelson은 이야기가 지식 축적에서 핵심 역할을 한다고 주장했습니다. 뇌에 이야기를 저장하는 영역이 있어서 뇌가 끊임없이 이야기를 원한다는 이론을 내놓기도 했습니다.

　생각해보면 단순히 시간적 나열로 이뤄진 설명이나 정보는 사람들에게 그다지 흡인력이 없습니다. 나와 전혀 상관없는 것으로 판단하게 됩니다.

　그런데 '이야기'를 들으면 빠져들어 동화되는 듯한 느낌이 들 때가 있습니다. 사람들이 강연을 들으며 유난히 눈빛이 반짝거리는 대목 또한 이야기를 구성해서 수다를 떤다는 느낌을 줄 때가 아닌가 싶습니다.

　이렇게 상대방을 이야기 속으로 데려오기 위해서 꼭 필요한 것이 있습니다. 바로 극적 요소입니다. 물 흐르듯이 편안한 내용은 크게 인상적이지 않습니다.

듣고 싶은 것은
반전이 있는 이야기

일반적으로 스토리텔링을 잘하려면 필요한 구성요소가 있습니다. 그런데 구성요소를 모두 따지기보다 청중의 감성을 자극할 만한 이야기면 충분합니다. 그러려면 구체화된 하나의 사건이어야 합니다. 뿐만 아니라 모두 공감할 수 있는 주인공을 세우는 것도 중요하죠.

쉽게 꺼내보지 않는 감성을 자극한 영상광고가 있었습니다. 페이스북에 공개되며 중국 최대 소셜미디어 '웨이보'에 '눈물 흘리게 되는 가슴 따뜻한 한국 광고'로 실시간 검색어 11위를 기록하기도 한 광고입니다.

한국의 유명한 대형마트에서 한우 데이에 맞춰 기획한 영상인데, 한우라는 고기에 의미를 담은 것이었어요. 단순히 원산지나 가격을 비롯해 제품의 강점을 피력한 것이 아니라 한우를 먹는 행위에 이야기를 담았습니다.

이 영상에는 중요한 날이든 힘든 날이든 언제나 한우로 반찬을 만들어 자식을 위로해주던 어머니에 대한 아련한 그리움이 담겨 있습니다. 한우를 보며 따뜻했던 엄마의 사랑을 느끼고, 미처 표현하지 못했던 미안하고 죄송한 감정을 불러일으키기도 합니다. 한우라는 매개체를 이용해 소비자가 자기 가정과 부모님을 돌아볼 수 있는 감성을 자극했고, 누구나 공감할 수 있도록 가족애를 담았습니다. 이 영상은 사람들의 미각보다 감성을 자극해 기억 속에 분명히 각인되었습니다.

결국 이러한 스토리텔링을 잘하려면 이야깃거리가 필요합니다. 얼마나 많은 에피소드를 갖고 있느냐에 따라 스토리텔링 소재가 풍부해집니다. 억지로 만들어낸 이야기보다 누구나 공감할 수 있는 경험이 좋습니다.

강사로 활동하면 많은 에피소드가 필요한 것은 너무나도 당연합니다. 초보 강사 시절부터 저는 에피소드 노트를 작성했습니다. 그날 하루에 있었던 일들을 매일매일 기록하기 시작한 거죠. 본 것, 들은 것, 경험한 것을 바탕으로 사소한 것도 모두 기억하려고 노력했습니다.

이렇게 에피소드 노트를 작성하다 보니 사소한 일상도 그냥 지나치지 못하게 되었습니다. 사소한 일상에서 의미를 생각했고, 다른 사람들 이야기를 귀 기울여 들었으며, 스쳐 지나가는 글귀나 사건을 잊지 않으려고 노력했습니다. 그러다 보니 적절한 상황에서 필요한 이야기를 꺼내는 것이 익숙해졌습니다.

세대에 따라 시간이 흐르는 속도가 다르다고 하죠? 빛의 속도로 시간이 흘러감을 느낍니다. 똑같이 반복되는 일상에서 지난주 어떤 일이 있었는지도 기억나지 않을 때가 있습니다. 단순히 청중을 집중시키고 누군가 내 이야기에 집중하도록 이야깃거리를 찾는 것도 좋지만 자기 이야기에 집중해보는 건 어떨까요? 시간을 무심하게 그저 흘려보내는 것이 아니라 기억 속에 차곡차곡 담는 일로 말이죠.

귀를 쫑긋하게 만드는 스토리텔링 대화

1 극적 요소를 가미해 반전을 담아라.
2 누구나 공감할 수 있는 감성을 담아라.
3 에피소드가 많은 사람이 유리하다.

질문이 필요 없는
설명 잘하는 말투

상대방의 설명을 알아듣기 어려울 때, 불편한 감정이 솟구칠 때가 있습니다. 도대체 무슨 말인지, 어떡하라는 건지, 왜 이렇게 어렵게 말하는지 알아듣기 어려운 것은 듣는 사람의 문제일까요? 설명을 잘하는 것은 어려운 일이 맞습니다.

지적 수준의 높고 낮음을 따지는 것이 아니라, 설명을 듣는 사람보다 설명을 하는 사람이 훨씬 많이 알고 있는 것은 확실합니다. 설명을 잘하는 것이야말로 상대방을 깊이 있게 배려하는 행위라고도 볼 수 있습니다. 상대방이 이해하기 쉽게 고려해서 말해야 하기 때문이죠. 그래서 어렵게 말하기보다 쉽게 말하기가 훨씬 더 힘듭니다.

상대방의 지적 수준은
나와 같지 않다

노트북을 사러 매장에 갑니다. 새로 나온 신형 노트북에 대해 설명을 들으려고 기다리는데, 이렇게 말했다고 생각해보세요.

> "이번에 국내 시장에 출시한 OO노트북인데요, 엔비디아의 파스칼 아키텍처를 기반으로 한 지포스 MX150 그래픽을 탑재했습니다. 최신 그래픽 칩셋은 인텔 내장그래픽 대비 4배, 기존 지포스 940MX 그래픽보다 63% 더 높은 성능을 제공합니다."

컴퓨터 전문가가 아니라면 알아듣기 어려운 설명입니다. 대략 좋은 노트북이라는 느낌은 들지만 어떠한 기능이 우수한지는 알기 어렵습니다.

전자기기의 경우 불가피하게 전문용어를 사용해야 하는 점이 있고, 구매하기 위해 기본지식을 익힌 고객이라면 좋겠죠. 그러나 기계에 대한 전문지식이 약한 사람이 이러한 설명을 듣는다면 더 많은 질문을 하게 될 거라고 생각합니다. 내용을 충분히 이해하지 못했기 때문이죠.

듣는 사람에 따라 설명 방법을 달리하는 것이 필요할 때가 있습니다. 설명을 잘하려면 큰 틀을 갖추어 먼저 상대방의 이해를 도와야 합니다.

"전체적으로 여러 노트북 중 그래픽이 우수한 제품입니다." 큰 그림을 그리며 넓게 설명해주는 식으로 시작해보세요. 그리고 이해를 돕기 쉽게 다음과 같이 조금만 풀어서 설명한다면 이해하기가 더욱 쉬울 것입니다.

> "엔디비아사의 영상정보를 처리하고 화면을 출력하는 일을 하는 GPU의 성능이 뛰어난 그래픽카드를 탑재했습니다."

최고 커뮤니케이션 방법인 공감은 설명하는 과정에 있다

조부모님과 병원에 가서 의사의 설명을 들으며 의사가 참 쉽게 잘 설명한다고 느꼈습니다. 어려운 질병을 설명할 때 어르신들이 이해하기 쉽게 예를 들어 구체적으로 생생하게 표현했기 때문입니다.

어르신이 일상에서 겪을 일들 중 비슷한 것으로 설명하면서 질병에 대한 이해도 돕고 추후 주의사항까지 꼼꼼하게 일러주었습니다. 사람마다 다른 이해도를 파악하고, 연령대를 고려해 느끼기 쉽게 와닿는 단어나 말로 풀어 설명하기가 쉬운 일이 아닐 텐데 말입니다.

그 의사는 마지막으로 다시 한 번 정리해서 얘기하는 것까지 잊지 않았습니다. 상대방이 나를 배려해 이해하기 쉽게 설명하는 것만큼 적극적인 공감의 표현은 없습니다.

쉽게 이해하도록 배려하는 설명법

1 "전체적으로~"
2 "예를 들어~"
3 "정리하자면~"

스마트한 보고는
분명 따로 있다

회사생활에서 하지 않을 수 없는 주목받는 발표 상황이 있습니다. 바로 보고입니다. 업무의 연장선이기도 하죠. 보고는 문서로 하는 것과 구두로 하는 형식이 있습니다. 구두로 보고할 때 상사에게 일대일로 하는 경우도 있지만, 다수 임원이나 직원이 있는 상황에서 하는 경우도 있죠.

문서작업으로 하는 보고를 어려워하는 이들은 많지 않지만 구두상으로 하는 보고는 힘들어하는 이들이 아주 많습니다. 업무 역량은 매우 뛰어나지만 구두 보고가 익숙하지 않아 잘 못하는 직원이 있습니다.

반면 업무 역량은 다소 미숙하지만 보고 능력이 뛰어나 인정받는 직원도 있습니다. 물론 내용을 제대로 파악하고 구성했을 때 잘 전달될 수 있겠지만 어떤 방식으로 효율적으로 전달하는지도 보고의 중요한 부분입니다.

지현 씨는 입사한 지 얼마 되지 않았습니다. 그런데 보고하기가 너무 어렵다는 거예요. 왜 어렵냐고 물었더니 자신이 생각하기에는 기준이 불분명하다는 것입니다. 상사에게 보고하면서 혼난 적이 많았다고 합니다. 쓸데없이 이런 것까지 말하느냐는 핀잔과 왜 아직 보고하지 않느냐는 질책이었죠. 어렵고 불편한 사람 앞에서 안 그래도 말문이 트이지 않는데, 이런 상황은 보고 자체를 힘들게 느껴지게 만들었을 겁니다.

회사생활은 보고로 시작해 보고로 끝난다는 말이 있습니다. 그만큼 보고는 회사생활에서 상당히 중요한 부분입니다. 실제로 보고가 제대로 되지 않아 문제가 생기는 경우도 많습니다. 상사는 보고를 통해 접점 직원의 세계를 경험하게 됩니다.

회사에서 상사를 포함해 고위간부는 모든 일을 보고로 알게 됩니다. 그들이 결재하고 중요한 판단을 하는 대다수가 보고로 결정됩니다. 그만큼 보고는 적절한 상황에 정확하고 신속하게 전달되어야 합니다.

상사가 싫어하는
잘못된 보고 방법

　잘못된 보고 방법에는 시간 순서대로 나열하는 보고 방법, 문제의 소지가 될 수 있는 부분을 마지막에 두는 보고 방법, 전문용어와 약어를 남용해 설득력을 얻으려는 보고 방법이 있습니다.

　상사는 다양한 보고를 듣습니다. 많은 보고 속에 실무자가 얼마만큼 노력을 기울이며 일을 수행하는지 세세하고 구체적으로 듣기는 무척 어렵습니다. 최종적으로 어떤 결과가 있는지 가장 먼저 듣고 싶어합니다.

　다만 상사 취향에 따라 경과가 필요할 수 있지만, 대부분은 정확히 어떤 결과가 나타났는지 핵심이 제일 궁금할 것입니다. 그렇다면 보고 전의 정리는 기본입니다. 오늘 보고할 사항은 몇 가지인지, 그중 어떠한 부분이 중요한지 보고 전에 꼭 체크하세요.

　나열식으로 말하는 것보다 "3가지로 정리해 말씀드리려고 합니다"라든지 "먼저 결과적으로"라고 이야기를 꺼내거나 정리된 상태로 핵심을 전달하세요. 귀에 쏙쏙 들어오는 보고가 될 것입니다. 또한 실무자로서는 문제가 될 수 있는 부분이 부담스러운 것이 사실입니다. 그래서 긍정적인 사항을 먼저 나열한 뒤 마지막에 말을 꺼내 자기 책임을 줄이려고 노력할 것입니다.

그런데 문제가 생긴 부분일수록 중요할 가능성이 높기 때문에 먼저 그 부분을 언급하고 해결방안까지 함께 제시한다면 똑똑한 보고 방법이 될 것입니다.

결재권자가 듣고 싶어하는 보고 방식과
실무자의 보고 방식은 차이가 있다

스티브 잡스Steven Paul Jobs의 프레젠테이션은 만화를 읽는 이해도와 같다고 합니다. 그만큼 쉽다는 얘기죠. 어려운 용어를 사용해야만 전달되는 상황이라면 예외겠지만, 보고도 쉽고 간결하게 하는 것이 좋습니다. 말로 듣는 보고일수록 더욱 이해하기 쉽게 해야 하고요.

상사는 고객의 소리, 현장의 소리를 듣고 싶어합니다. 상사가 접점에서 현장을 볼 수 없는 경우가 많기 때문이죠. 실무자로서 의견을 강하게 피력하고 싶다면 고객의 소리를 이용하는 것도 방법이 될 수 있습니다.

상사는 보고에서 예외적으로 궁금한 부분이 생길 수 있습니다. 이럴 경우 결재권자가 되어 생각해본다면 좋겠죠. 적게는 한 가지, 많게는 2~3가지 정도 궁금해할 만한 사항을 먼저 체크해서 응답한다면 일을 꼼꼼하고 야무지게 처리하는 직원이라는 인식도 줄 것입니다.

교육원을 운영하면서 다양한 직원을 만났습니다. 나름대로 아끼는 직원이 생기기도 하는데, 물어보기 전에 미리 정확히 보고하는 직원이 가장 마음에 듭니다. 외부에서 강의하거나 교육 담당자와 미팅하는 일이 많기에 직원들이 저에게 보고할 때는 문자메시지를 많이 사용합니다. 다만 3줄 이상 긴 메시지를 전해야 할 경우, 짧게 요약해서 문자로 보낸 뒤 자세한 사항은 전화로 말하겠다는 보고를 받는 편이죠.

상사가 아무리 바빠도 실무자 보고만큼 중요도를 두는 일은 없습니다. 미팅하면서도 중간중간 들어오는 보고는 외부에서 일하는 저에게 안도감을 주며, 실무자가 일을 잘 진행한다는 믿음도 갖게 됩니다. 문제가 생겼을 때 섣불리 본인이 판단해 해결할 때까지 끙끙대며 처리하지 말고, 중간보고를 해서 심각한 상황으로 번지지 않게 미리 방지하세요. 문제가 없더라도 상사가 궁금해할 즈음, 일처리과정을 중간보고하는 사항도 매우 필요합니다.

직장 상사가 정말 편하고 좋다고 말하는 사람은 많지 않습니다. 그만큼 상사는 어려운 존재예요. 그렇지만 가장 자주 마주하게 되는 사람이기도 하죠. 간혹 무리한 요구를 하기도 하고, 어려운 지시를 하기도 합니다. 그럴 때 "글쎄요. 어렵겠는데요." "그건 문제가 있어요." "지금은 처리하기 곤란합니다"라고 답하기보다는 "지금 처리하려면 OOO한 어려움이 있어서요. 내일 확인해보고 말씀드려도 될까요?"라고 말하는 건 어떨까요?

여러분이 하는 일을 상사는 수백 번, 수만 번 경험했을 것입니다. 직원을 괴롭힐 못된 마음이 아니라면, 안 되는 일을 억지로 시키지는 않을 거예요. 물론 상사가 잘못 알고 있을 수도 있습니다. 해결하려는 노력을 보여주는 말투로, 뭐든 가능하게 하는 말투로 답해봅시다. 여러분이 상사와 커뮤니케이션하기가 어렵다고 느끼는 이유는 스피치 전달스킬이 부족하기 때문입니다.

전달스킬은 요령입니다. 요령이 생기면 좀더 편안해질 거예요. 요령이 생기려면 조금 더 노력해서 알아나가면 됩니다. 똑똑한 보고는 여러분을 지금보다 더 편안한 회사생활로 이끌어줄 것입니다. 상사도 직원이 하기 나름이에요.

야무진 말투로 똑똑하게 보고하는 방법

1 "몇 가지로 정리해서 말씀드리겠습니다."
2 "고객들의 반응의 경우~"
3 "궁금해하실 만한 사항으로는~"

내 순서가 돌아와도
당황하지 않는 회의 스킬

회의는 참 중요합니다. 우리가 갖고 있는 문제를 해결할 수 있는 장이 되고, 새로운 아이디어를 구축하는 발판이 되기도 하죠. 회의의 중요성을 인지하는 만큼 다양하고 효율적인 회의 방식이 생겨나고 있습니다.

유명 외식업체의 경우 매월 5일 임원을 비롯해 모든 직원이 아침식사를 직접 준비해 와서 식사하며 회의를 진행한다고 합니다. 외식업체답게 다양한 메뉴를 직접 맛보고 아이디어를 교환하며 회의하는 효율적인 방식이죠.

30분이라는 회의시간을 칼같이 지키는 것이 철칙인 회사도 있습니다. 회의시간이 길어지면 참여하는 직원들의 집중도가 떨어지기 때문에 규칙으로 정해놓고 집중하는 회의문화를 만들기 위해서입니다.

계급장을 떼고 회의해야 토론이 제대로 되고 성과가 나온다는 대표의 의견에 따라 회의 때 존칭을 없애고 모두 OO 씨라고 부르며 회의하는 기업도 있습니다. 또한 수시로 의견을 내놓는 시스템으로 누적 점수를 파악해 높은 점수를 얻은 직원에게 별도의 혜택을 주는 기업도 있습니다.

이런 사례는 의견을 강요하거나 답이 정해져 있는 회의 방식에서 벗어나 긍정적으로 발전하는 회의 모습입니다. 하지만 이러한 변화가 부담이 되어 나에게 기회가 돌아왔을 때 주저하거나 당황하며 힘들게 자리를 지켜야 하는 사람들도 많습니다.

기록이 쌓여
역사를 만든다

저는 기억력이 그다지 좋지 않아 꼼꼼하지 않은데도 세세히 기록해야 직성이 풀릴 때가 많습니다. 회의에서도 마찬가지였죠. 직장생활을 하며 혹시라도 잊어버릴까 세심히 기록해두는 저만의 회의일지가 있었습니다. "뭘 그런 것까지 적느냐"는 다른 직원들의 핀잔을 들으면서도 좋은 의견과 중요사항을 놓치지 않기 위해 기록했죠.

나중에는 기록해놓은 노트를 보며 뿌듯함으로 더 꼼꼼히 정리했던 것 같습니다. 추후 제 회의일지는 회사 내에서 유명해져 사람들이 빌려가서 들여다보고 업무처리에서 놓친 부분을 점검하기도 했습니다.

기록해보세요. 기록은 중요합니다. 머리가 좋다고 해도 기억력에는 한계가 있습니다. 그렇지만 기록은 다릅니다. 기록된 증거를 바탕으로 새로운 아이디어를 도출해낼 수도 있습니다. 무엇보다 기록하려면 잘 들어야 하기 때문에 경청능력도 향상되는 이점이 있죠.

어렵고 번거로운 일이 될 수도 있지만, 기록도 자주 해보면 요령이 생깁니다. 요령은 능숙함을 부르고요.

토론 수업을 진행할 때 똑같은 기사를 읽고 스스로 느끼기에 중요하다고 생각되는 단어를 체크하도록 합니다. 이 과정에서 2명 이상만 모여도 중요하다고 느끼는 단어가 일치하기란 매우 어렵다는 사실을 알 수 있습니다. 신기하지 않나요? 모두 똑같이 하나의 짧은 기사를 읽었을 뿐인데 말이죠.

사람마다 의견은 매우 다양하고, 나와 다른 생각을 하는 사람은 너무나 많습니다. 회의에서도 마찬가지죠. 서로 의견을 전달하는 과정에서 가장 중요한 것은 다름을 인정하는 것입니다. "OO 씨 의견도 일리가 있어요." "말씀하신 OO 부분의 의견은 매우 좋지만…." 감정이 상하지 않도록 배려하며 의견을 나눌 때 모두를 만족시킬 수 있는 괜찮은 결과를 얻을 수 있습니다.

회의시간에 내 의견을
강하게 드러내고 싶다면?

성미가 급한 저는 회의 때마다 생각해둔 내용을 초반에 모두 털어놓았습니다. 거기에는 이유가 있습니다. 그러면 제 의견이 채택될 가능성이 낮아지더라고요. 일정 시간 회의하는 동안 초반에 말한 제 의견은 어느새 잊히고, 여러 의견 중 하나의 의견으로만 기억되기 마련입니다.

결정적인 순간에 '짠'하고 보여주는 것처럼, 꽁꽁 숨겨 마지막을 장식해보세요. 사람들의 인식 속에 강하게 기억되어 의견이 채택될 가능성이 높아집니다.

회의라는 공식적인 자리에서 내 생각과 의견을 드러내는 것이 주목받는 말하기의 시작입니다. 물론 회의라는 것이 기본적으로 불편하고 어려운 자리지만, 자기 의견을 당당히 말한다면 평소 조용했던 사람일수록 적극적인 면모를 인정받아 좋은 평가를 받는 기회가 되기도 합니다.

한마디를 하려고 입을 떼기만 하면 됩니다. 내일 회의에서 바로 시도해보세요.

시간이 아깝지 않은 회의 커뮤니케이션

1 경청했다는 증거는 기록이다.
2 다름을 인정하는 회의 태도가 중요하다.
3 내 의견을 강하게 드러내고 싶다면 회의의 마지막을 놓치지 말자.

평가받는 자리에서도
인정받는 프리패스 말투

"저 합격했어요!" 지금까지 한 번도 듣지 못했던 제자의 밝은 목소리였습니다. 사회에 첫걸음을 내딛는 자랑스러운 제자로서 좋은 평가를 받아 열매를 얻기까지 노력도 함께했습니다.

어려운 평가 자리인 면접을 제대로 준비하고 싶다는 요청을 받고 상담할 때, 이 친구가 힘든 만큼 저도 많이 힘들었습니다. 배가 아프다며 화장실을 먼저 다녀오고 싶다는 말을 한 뒤 자리에 앉아 시종일관 우울하고 힘든 기색을 보였습니다. 이 친구는 몸도 연약해 보이는 데다 부정적이고 자신 없는 모습에 제 마음이 아프기도 했죠.

면접 준비 전 내면화 과정을 위한 간단한 질문에도 이 친구 답변은 겸손을 넘어 드러낼 것이 없는 사람처럼 느껴지기도 했습니다. "제가 OO은 잘 못하는데." "제가 그런 재주가 없어서." "저는 딱히 잘하는 것이 없는데요"라며 말이죠. 중요한 평가 자리에서 지금까지 여러 번 탈락한 것이 이 친구를 많이 지치게 만들었던 것 같습니다.

평가받는 과정을 잘 겪지 못하면 상처를 받게 되고, 자기 존재 가치를 스스로 낮게 평가해버리기도 합니다. 평가받는 불편한 자리에서 없는 매력을 만들어내서라도 잘 보이기 위해 애쓰는 것이 아니라, 내가 가진 것을 온전히 제대로 보여주는 말투로 아쉬움과 미련을 덜어내는 것이 중요합니다.

퉁명스러운 물음 NO!
부정적인 뉘앙스 NO!

긴장되는 순간, 상대의 말이 잘 들리지 않기도 합니다. 그럴 때 "네?"라며 퉁명스러운 물음으로 되받아치지 말고 "제가 긴장해서 잘 듣지 못했습니다. 죄송한데 다시 한 번 말씀해주시겠습니까?"라며 정중하게 표현하면 어떨까요? 사소한 대답 차이지만 이런 부분에서도 상대방은 당신을 유심히 느낍니다.

사족을 곁들여 말하는 경우도 생깁니다. "제가 아까 말씀드렸지만" "보시면 아시겠지만" 등의 말투는 자칫하면 중요한 자리에서 부정적인 뉘앙스를 줄 수 있습니다.

다시 한 번 말하게 되는 상황이라도 최선을 다해 답한다는 노력을 반드시 보여주세요. 성의가 담긴 당신의 그런 노력이 진심으로 전달될 것입니다.

대표적인 평가 자리를 떠올리면 면접 순간일 것입니다. 그런데 짧은 시간에 한 사람을 어찌 제대로 판단할 수 있으며, 입 밖으로 나온 표현만으로 평가한다는 것도 정확하지 않다고 느껴집니다. 무수히 많은 면접의 순간, 탈락을 경험해본 저와 같은 사람은 억울한 생각이 들기도 할 겁니다.

저 또한 방송인으로 활동하기 위한 다양한 면접에서 제 능력을 인정받지 못한 경험이 많습니다. 그런데 돌아보면 아주 사소한 차이에서 평가의 당락이 결정된 것 같습니다. 그 사소한 차이에는 말투도 포함되었어요.

사소한 말투 차이로 사람 자체를 평가하기는 어렵고 매우 주관적입니다. 하지만 그 차이가 그 사람을 제대로 보여주는 순간도 있습니다.

돌아보면 평가의 순간만이 아닐 겁니다. 짧은 한마디로 감정과 기분이 드러나기도 하고, 상대 성향을 파악하게 되기도 합니다. 말투만큼은 마이너스 없이 플러스로 인정받는 기회를 만끽해 볼까요?

평가받는 자리에서 마이너스를 부르는 말투

1 "네?" 반문하는 말투
2 "아까도 말씀드렸지만…." 사족이 많은 말투
3 "사실 제가 OO은 잘 못하는데…." 지나치게 겸손한 말투

어려운 비즈니스에서도
술술 풀리는 설득대화

설득이라는 말의 의미를 부탁이라고 받아
들인 때가 있습니다. 다른 사람에게 부탁해야 하는 경우 불편하고
부담스러운 상황이라고 생각했죠. 그래서 설득하고 싶지 않았던
것 같습니다.

그런데 사회생활을 하다 보면 어쩔 수 없이 누군가를 내 편으로
끌어당겨야 하는 설득하는 상황이 비일비재했습니다. 이런 순간
마다 피하는 것이 능사는 아니었습니다. 전략을 갖고 부딪쳐보기
로 마음먹었죠.

우리는 수없이 설득당하고, 설득해야 하는 상황에 놓입니다. 사
고 싶었던 물건이 아닌데 점원의 기가 막힌 설득에 매료되어 예상

보다 큰 지출을 하게 되기도 하고, 빨려 들어갈 듯 적극적인 쇼 호스트의 설득에 반해 방송을 보며 구매하기도 하죠. 또한 어려웠던 설득 대상을 한순간 녹이는 대화로 설득을 잘해내기도 하고, 수월할 것이라고 생각한 설득 상황에서 기회를 아쉽게 놓쳐버리기도 합니다.

상대방이 자발적으로 선택했다는 느낌을 주는 것이 좋은 설득이다

설득 상황은 비단 현재에만 있었던 것은 아닙니다. 고대에도 효과적으로 잘 설득하기 위해 아리스토텔레스의 수사학修辭學이라는 학문을 엄연한 기술로 받아들이기도 했습니다.

2,300여 년 전 아리스토텔레스가 살았던 고대 그리스에는 각종 분쟁에서 지금의 변호사라고 불리는 '소피스트'들이 의뢰인을 위해 변론하며 많은 존경을 받았습니다. 당시 소피스트들은 아고라agora광장에서 여러 배심원을 앞에 두고 열띤 변론을 펼쳤으며, 가장 설득이 잘된 소피스트 앞에 돌을 올려놓는 식의 판결을 받았습니다. 방법은 간단한데, 돌이 가장 많이 올려진 소피스트가 이기는 것이죠.

아리스토텔레스는 성공적으로 변론하기 위해 수사학에서 설득 수단 3가지를 제시했습니다. 이는 고대뿐만 아니라 지금까지도 설득할 때 기본적으로 갖춰야 할 사항입니다.

첫 번째 수단은 논리를 설명하는 로고스^{logos}입니다. 상대방에게 제시할 수 있는 명확한 증거죠. 논리적으로 말하려면 이성적으로 잘 정리된 문법을 갖춰야 하기도 합니다. 아무리 좋은 상품도 '왜 좋은 상품이라고 권하는지' 합리적 근거가 있어야 설득이 가능하다는 것입니다.

두 번째 수단은 상대방 감정에 맞게 호소해야 한다는 파토스^{pathos}입니다. 사실 논리적으로 완벽하다고 해서 상대방을 쉽게 설득하기는 어렵다는 것을 잘 알 거예요. 설득하는 대화를 나눌 때 상대방의 심리상태는 매우 중요합니다. 현재 상대방 기분이 어떤 상태인지, 불편하게 보인다면 그 이유는 무엇인지 파악할 수 있어야겠죠.

상대방의 심리상태를 꿰뚫어 무엇이 필요한지 간파해 적극적으로 대응하려면 관찰력 또한 필요합니다. 저의 사례를 들어보겠습니다. 피부과에서 상담을 받으며 심리상태를 간파당한 적이 있습니다. 평소 심한 홍조와 예민한 피부로 고민이 이만저만이 아니었는데요, 그날은 다른 시술을 하려고 피부과를 찾았지만 "평소 피부 때문에 고민이 많으셨죠?"라는 의사의 한마디에 속사포로 리

액션하며 제 이야기를 풀어놓았습니다. 의사가 시술할 때 거울을 통해 피부를 들여다보며 제가 안 좋은 표정을 지은 것이 발단이 된 것 같습니다. 그날 의사가 권한 화장품들을 싹쓸이했습니다. 저에게 꼭 필요한 것들이라 생각했죠.

세 번째 수단은 에토스ethos라는 윤리성입니다. 그 사람에 대한 신뢰감이 높을수록 설득될 수 있다는 것입니다. 말하는 사람의 품성이나 인격에서 보이는 인간적 신뢰감뿐만 아니라 직위나 직책, 영향력을 뜻하기도 합니다. 또한 인성적으로 훌륭하다는 평판을 듣는 사람이라면 누구나 자신을 신뢰하게 만들 수 있습니다. 이는 누군가 지지하고 좋아하는 사람이 된다는 의미이기도 하겠죠. 내면적 윤리성을 쌓는 것도 중요하지만, 외면적으로도 윤리성을 보여줄 수 있어야 합니다.

내면을 잘 드러내려면 결국 표현해야겠죠? 자신을 전문적으로 보일 수 있도록 이미지 메이킹을 하고 적절한 화법과 카리스마를 보여주는 것도 에토스의 일환이라고 생각합니다. 이렇게 성공적으로 설득하려면 에토스(60%), 파토스(30%), 로고스(10%)의 비중으로 접근해보라고 합니다.

설득당하는 사람이
궁금한 것은 따로 있다

SNS가 급속하게 발달하면서 설득 대상은 많은 정보와 지식을 스스로 찾을 수 있게 되었습니다. 많이 알고 똑똑한 설득 대상이 많아졌다는 거죠. 이 대상에게 유연하게 응대하고 나와 같은 생각으로 이끌려면 전문적인 기술이 필요하고, 아리스토텔레스의 수사학처럼 기본적인 자질을 쌓는 방법을 습득하는 것이 좋습니다.

스타트업은 투자자들을 대상으로 자신의 기업과 콘텐츠가 투자할 만한 가치가 있음을 설득하는 IR[investor relations] 발표가 중요합니다. 아주 중요한 설득의 순간이라고 할 수 있죠.

그런데 이때 자신의 기업 소개와 콘텐츠의 실체만 주목해 나열하는 형식의 발표(프레젠테이션)를 보여준다면 어떨까요? 관심을 이끌기 어렵습니다. 철저히 성과중심으로 구성하되 문제를 제기해 현재보다 나아질 수 있는 솔루션[solution]을 제안해야 합니다.

"주방의 품격을 높여주는 디자인의 식기건조대로 설거지가 즐거워집니다."

"예민한 피부를 진정시키면서 각질을 제거할 수 있다면 얼마나 좋을까요?"

이런 것들이 설득력 있는 광고카피를 기반으로 솔루션을 제안하는 문구입니다. 그러려면 현재 사람들이 느끼는 불편함이나 개선되면 좋을 방안을 모색하는 데 힘써야 합니다.

여러분은 신형 휴대전화가 나오면 바꾸고 싶다는 생각이 들지 않나요? 길면 2년 정도 사용하고 신제품으로 바꾸는 경우가 많죠. 특히 휴대전화의 경우 할부라는 분납제도로 실제 구입비용을 체감하지 못하고 구매하게 됩니다. 그러고는 매달 휴대전화 요금을 보며 후회하는 경우도 많습니다.

휴대전화를 너무 자주 교체하다 보니 한 달에 내는 요금이 부담스러웠던 때가 있습니다. 그래서 고가의 신제품이 아니라 중저가 휴대전화를 구매할 생각으로 대리점을 찾았습니다. 그리고 미리 생각해온 제품을 확실하게 이야기했습니다.

판매원은 알겠다고 응대하면서 휴대전화를 개통하는 동안 신제품을 구경하라고 했습니다. 가벼운 마음으로 신제품들을 살펴보니 디자인부터 정말 예뻤어요. 직접 만져보며 기능을 작동해보기도 했습니다. 신형 휴대전화를 체험한 순간, 제가 사려던 휴대전화보다 그립감도 좋고 기능도 마음에 쏙 들었습니다.

결국 도저히 그냥 지나칠 수 없어 생각과 달리 신형 휴대전화를 들고 집으로 돌아왔습니다. 판매원이 신제품을 권한 것도 아니고 단순히 구경만 하라고 했을 뿐인데 제 마음이 돌변한 것입니다.

직접 만져보고 촉각으로 호감을 느낀 것처럼, 설득 상대의 오감을 자극하면 사고 싶게 만들 수 있습니다. 샘플을 받아본 사람이 물건을 사게 될 확률이 높아지는 상호성의 법칙처럼 심리를 자극해 설득을 끌어내는 것도 전략입니다.

상대방이 자발적으로 선택하게 만드는 설득의 기술

1 말보다 중요한 신뢰도를 높이는 데 먼저 힘써라.
2 현재보다 나아질 수 있는 솔루션을 제안하며 매혹하라.
3 상대방의 오감을 자극해 갖고 싶게 만들어라.

당신을 편안하게 만드는 힘,
대화

모든 일에서 첫 번째보다 두 번째가 훨씬 수월하다는 말은 거짓말인가 봅니다. 저에게 두 번째 책인 이 책을 쓰는 과정은 무엇보다 고통스럽고 힘들었습니다. 잘하고 싶다는 마음과 어떤 사람의 기대에든 부흥하는 좋은 책으로, 좋은 지침서로 독자들을 만나고 싶다는 욕심이 스스로를 더 힘들게 만든 것 같아요.

생각보다 탈고 일정이 미뤄지면서 예정된 여행을 다녀와야 했습니다. 가벼운 마음은 아니었지만 머리도 식힐 겸 긍정적인 기운을 받기 위해 떠난 여행이었죠. 행운인지 불행인지 모르겠지만 제가 맞닥뜨린 여행 경험이 다시금 대화의 힘을 느끼게 하는 계기가 되었습니다.

바로 여행 일정에서 만난 가이드와 있었던 에피소드 때문입니다. 30명 가까이 되는 인원이 참여한 패키지여행에서 가이드 역할은 매우 중요합니다. 그런데 도착한 첫날, 차분하고 인자한 외모와 달리 자신에게 이득이 되는 비용이 발생하는 관광을 사람들에게 강요하기 시작했습니다. 사람들이 강요라고 느끼는 순간, 가이드의 설득은 실패한 셈이죠. 보는 내내 안타까웠습니다.

이곳에 온 관광객 모두 즐겁게 여행하기 위해서라면 충분히 가이드 말을 따라줄 수 있는 사람들이었습니다. 조금만 신중하게 표현하고 배려하는 설득의 대화를 했다면 자신이 원하는 바를 얻을 수 있었을 거예요. 안타깝게도 가이드를 포함해 30명은 내내 불편했고, 서울에 돌아가 여행사에 클레임을 걸겠다는 사람들도 있었습니다.

그가 사람들을 불편하게 만든 것은 '말'이었습니다. 자기 처지를 한탄하는 부정적인 말, 자기 요구에 따라주지 않은 사람들을 원망하는 말투가 주된 것이었죠. 불편한 여행이었지만 대화의 중요함을 다시금 체감하게 해줬으니 저에게는 분명 도움이 되는 여행이었습니다.

말을 해야 하는 상황은 매우 다양합니다. 가족과 대화부터 사회생활의 시작이기도 한 면접에서의 대화, 내가 속한 조직 내 상사 혹은 동료나 후배와 대화도 있죠. 비즈니스에서 중요한 프레젠테이션 상황, 고객을 설득하는 과정 등 혼자 있는 공간을 나오는 순간부터 의도하지 않아도 말은 꼭 하게 되어 있습니다.

말하는 순간이 매우 다양하고 자기표현 능력이 실력으로 인정받는 사회이니, 말의 기술을 배우기 위해 노력하는 사람들이 많습니다. 그 덕분에 감사하게도 제가 열심히 강의할 수 있다고 생각합니다.

직장인 남성이 수업을 의뢰했습니다. 상담을 진행해보니 수업이 굳이 필요하지 않을 정도로 부족한 부분이 느껴지지 않았습니다. 그런데 이분은 사람의 수가 많아지고 앞에 나가서 말해야 하는 상황이 되면 머릿속이 하얘지고 얼음처럼 얼어버린다고 했습니다. 그렇기에 중요한 발표를 다른 사람에게 맡길 수밖에 없고, 자존심이 상할 정도로 괴롭다고 했습니다.

10년 차 세일즈 전문가로 고객 응대의 달인이라고 불리지만, 희한하게 적대적으로 보이는 고객 앞에서는 입을 열기가 어렵다는 이들도 있었습니다. 주변 사람들에게서 말을 잘한다는 평가를 듣는 사람도 상황에 따라 어려움을 느끼는 일은 비일비재하다는 거죠.

안타깝게도 우리가 말하는 상황은 대부분 쉽지 않습니다. 어려운 상황이라고 느껴서인데 그 이유는 여유가 없기 때문입니다. 시간이 없어서 커뮤니케이션이 어렵다는 의견이 나올 정도로 빠르게 변화하는 삶 속에서 듣는 사람에 대한 폭넓은 이해도, 새로운 상황의 맥락을 파악하는 능숙함도, 많은 사람 앞에서 말하기의 익숙함을 느낄 여유도 갖지 못하는 경우가 다반사입니다.

하지만 다행스럽게도 이러한 말의 여유 역량은 충분히 배울 수 있습니다. 생물학적으로 타고난 기질적 특성이 의사소통 방식을 결정하는 유일한 요소가 아니듯, 상당 부분 학습이 가능합니다. 말하기에서 여유를 가지면, 어떤 상황에서도 잘 말할 수 있습니다.

혹자는 말은 기술이 아니라고 합니다. 정답은 없겠지만, 저는 말을 잘 다루려면 기술이 필요하다고 생각합니다. 우리 성장에 도움이 되는 말의 기술이라면 유용하게 쓰이지 않을까요? 기술이 있으면 든든합니다. 나만의 말하기 무기가 됩니다.

살아가면서 불편한 자리는 되도록 가지 않고, 불편한 사람은 피하면 편할 수 있지만 그렇지 못한 상황을 마주할 때가 더 많습니다. 스스로 편안한 자리를 만들기 위해서, 누구에게든 편안한 사람이 되기 위해서는 조금만 노력하면 됩니다.

저는 말은 기술이 아니라는 무책임한 표현은 하고 싶지 않습니다. 기술이 아니라면, 방법이 없다면 우리는 지금 이대로 받아들일 수밖에 없다는 의미겠죠. 있는 그대로, 어떤 모습이든 그냥 받아들이라는 것만큼 답이 없는 말은 없습니다.

제가 말씀드리는 대화의 기술이 모든 상황에 통용되는 만병통치약 같은 해답이 될 수는 없습니다. 그러나 말을 하는 상황에서 여러분을 조금이라도 편안하게 만들 수 있다면 진심으로 기쁘고 행복할 것입니다. 여러분의 진심이 있는 그대로 오해 없이 잘 표현되어 일도 관계도 긍정적인 기운으로 가득 차기를 바랍니다.

이서영

■ 독자 여러분의 소중한 원고를 기다립니다

메이트북스는 독자 여러분의 소중한 원고를 기다리고 있습니다. 집필을 끝냈거나 집필중인 원고가 있으신 분은 khg0109@hanmail.net으로 원고의 간단한 기획의도와 개요, 연락처 등과 함께 보내주시면 최대한 빨리 검토한 후에 연락드리겠습니다. 머뭇거리지 마시고 언제라도 메이트북스의 문을 두드리시면 반갑게 맞이하겠습니다.

■ 메이트북스 SNS는 보물창고입니다

메이트북스 홈페이지 www.matebooks.co.kr

책에 대한 칼럼 및 신간정보, 베스트셀러 및 스테디셀러 정보뿐만 아니라 저자의 인터뷰 및 책 소개 동영상을 보실 수 있습니다.

메이트북스 유튜브 bit.ly/2qXrcUb

활발하게 업로드되는 저자의 인터뷰, 책 소개 동영상을 통해 책에서는 접할 수 없었던 입체적인 정보들을 경험하실 수 있습니다.

메이트북스 블로그 blog.naver.com/1n1media

1분 전문가 칼럼, 화제의 책, 화제의 동영상 등 독자 여러분을 위해 다양한 콘텐츠를 매일 올리고 있습니다.

메이트북스 네이버 포스트 post.naver.com/1n1media

도서 내용을 재구성해 만든 블로그형, 카드뉴스형 포스트를 통해 유익하고 통찰력 있는 정보들을 경험하실 수 있습니다.

STEP 1. 네이버 검색창 옆의 카메라 모양 아이콘을 누르세요.   STEP 2. 스마트렌즈를 통해 각 QR코드를 스캔하시면 됩니다.
STEP 3. 팝업창을 누르시면 메이트북스의 SNS가 나옵니다.